COLECCION ARAGONIA

PRIMER LIBRO

AF273690

¿hombre
artificial?
por santiago
ramón y cajal

(primera edición)

MADRID P. VERGARA 42-46   C. I. A. P.   BUENOS AIRES FLORIDA 26

PUBLICACIONES GOYA ZARAGOZA

© de la presente edición
del 2026:

Editorial Gráficas Maxtor
Fray Luis de León, 20
47002 Valladolid (España)
+34 983 090 110
info@graficasmaxtor.es
www.graficasmaxtor.es

I.S.B.N. 978-84-1171-140-1
depósito legal: DL VA 12-2026

a
manera
de prólogo

CAJAL;
Ramón y Cajal;
Santiago Ramón y Cajal;

hombre excelso, entre los excelsos;

poder del genio;

hecho a sí mismo;

escultor de su alma;

maestro de sabios;

genio de la investigación histológica;

figura cumbre de la Medicina;

para nosotros, con ser muchos sus méritos en la Ciencia, no nos interesa en tal aspecto;

queremos asociar su nombre al de otras figuras salientes de la Literatura hispana;

de la Literatura española relacionada con una de sus regiones;

nos referimos a Aragón, cuna que ha sido siempre de preclaros ingenios;

de Aragón, nombre que inspiró gloriosas páginas, y, no obstante, apenas si destacáronse grandes figuras en el campo de la Literatura;

a pesar de tener maestros en ella como Gracián, o como los Argensolas, que fueron a Castilla, según se dijo, a enseñar cómo se hablaba el castellano, o modernamente a Cavia, que cinceló nuestra hermosa habla desde las columnas de la Prensa, haciendo más por su pureza que la legión de académicos desde la fría tribuna de un salón de conferencias;

esta carencia de figuras literarias, ¿será motivada por la poca afición a la lectura?;

¡quizá!;

¿porque la tierra aragonesa representa a un pueblo de acción?;

¡puede ser!

ARAGON dió siempre hombres parcos en palabras, ricos en ideas;

sus hombres atienden más al fondo que a la forma;

más al contenido que al continente;

de los hombres de Aragón, nadie tan representativo como Ramón y Cajal, aunque su nacimiento no fuera dentro de él, propiamente dicho;

y, al iniciar estas publicaciones, ningún autor mejor para encabezar la serie que el sabio maestro, al poderle considerar como un símbolo del carácter de esta tierra;

hablamos de valores regionales donde no existe la exaltación de lo suyo;

hablamos de valores regionales, ahora, cuando parece esto un poco anticuado;

cual si fuera volver a tiempos viejos en que había fronteras en los límites estrechos de una provincia, y hasta de una ciudad;

la tendencia actual se universaliza;

exaltar lo regional es ya arcaismo;

las figuras aragonesas más significadas, a la inversa que las de otras regiones, que se empequeñecen en este aspecto, ellas se agrandan;

pasan por encima de lo regional, y aún traspasan lo nacional, para ser figuras universales;

citemos tan solo a hombres de hoy como Costa y Cajal en la Ciencia, a Fleta y Raquel Meller en el Arte, y sobre ellos la figura pretérita de Goya;

su obra fué más que universal;

a pesar de lo cual, ellos parecen recoger en sí todos los recios valores de esta tierra que les vió nacer, evolucionando, si se quiere, pero guardando siempre en su interior lo más característico:

*reciumbre de carácter, voluntad, tesón, senci-
llez, ecuanimidad, llaneza, recto sentido de la
justicia...*

Símbolo, emblema, síntesis de todo esto
es Ramón y Cajal: así creyéndolo elegimos para
iniciar esta serie de publicaciones algo suyo, que
entra dentro de nuestro propio lema;

*lema que es también del maestro: el publicar
libros que agraden e instruyan algo;*

sin pretender que asombren;

*que resulte agradable su lectura, pero que tam-
bién hagan pensar;*

que dejen una estela de recuerdo;

*que no sean vana palabrería, sin caer en el
lado opuesto de un pedantesco amasijo de párrafos de amazacotada prosa;*

y elegimos tres narraciones;

tres facetas distintas;

*tres expresiones semi-literarias, pseudo-científi-
cas, como él mismo las llama con injusta modestia, todas muy interesantes;*

*"la casa maldita", donde se presenta el pro-
blema de la cultura de nuestro pueblo, mal de*

ayer, de hoy y de todos los tiempos, que dió siempre origen a graves conflictos;

"...a secreto agravio...", cuento de recia trama, de original desenlace, de emoción suma;

"¿hombre artificial...?", en el que se ponen una vez más de manifiesto cuestiones de honda trascendencia, de palpitante actualidad, para hacer inquietas incursiones por el campo de la filosofía;

párrafos sinceros, llenos de férrea verdad, de esa filosofía que la vida enseñó al maestro, encierran esos pensamientos que sirven de final al libro.

SON asuntos vistos por un cerebro cumbre, solaz más bien de sus ratos de ocio, disciplina del intelecto en las intermitencias de un rudo trabajo sobre el microscopio;

y expansión del alma;

de forma anticuada—dice él—; de estilo difuso;

¿estilo?, ¿forma?, ¿manera?—decimos nosotros—; todo ello es pasajero, es el ropaje en que pueden influir las modas;

páginas escritas por el sabio de fama mundial con la fogosidad de los años mozos;

mas a pesar de sus años, nuevas, muy nuevas resultan: porque son de actualidad;

de actualidad al tratar temas que afectan siempre a la cultura patria;

el tiempo pasó por ellas, mas no envejecieron, que fueron trazadas por la inspiración del genio y éste es inmutable;

páginas de un valor grande para quienes inician esta cruzada de vulgarizar la lectura, quizá en un ambiente un poco contrario;

es también característico de esta región;

tierra de labrantío venteada por el cierzo del Moncayo o del Pirineo, que zarandea y azota donde sólo debiera orear las almas;

quién sabe si esto resultará ventajoso;

así las fortalece;

y el maestro nos dice: "a semejanza del frutal temprano, todo hombre de talento posee algunas yemas, que no pueden florecer congeladas por el rigor del ambiente";

penoso fuera que así se malograsen muchas iniciativas;

quisiéramos que esto no sucediese y nuestro

mayor deseo sería que de la estepa surgieran
vergeles;

bueno y aleccionador es el ejemplo;

y buen iniciador hemos elegido;

seguirán otros;

maestros en varias disciplinas que serán ex-
puestas en sus variadas tendencias;

pero ante todo queremos servir al lector.

L A vida actual es dinámica: este movimiento
acelerado debe acompasarse a todas las manifestaciones de ella, más todavía en el orden intelectual;

deben, pues, acompasarse los libros al gusto
del público;

puede hacerse;

debe hacerse;

y el maestro dice: "cada cabeza es un mundo
nuevo";

dar unidad es tarea imposible;

variedad, ante todo, que será también interés
para el lector;

ninguno mejor—repetimos—para comenzar estas publicaciones como este maestro de tantas ciencias del saber humano;

escultor de su alma;
hecho a sí mismo;
poder del genio;
hombre excelso, entre los excelsos;
Santiago Ramón y Cajal;
Ramón y Cajal;
Cajal;
su nombre basta para dar prestigio a estas
"publicaciones Goya", surgidas con toda mo-
destia y sencillez, cual sucede con lo que nace
a la vida;
esperemos que en el orden natural tengan un
espléndido desarrollo, cual cumple a todo el amor
puesto para engendrarlas;
lector, lectora, recíbelas con cariño.

Dib. ACIN

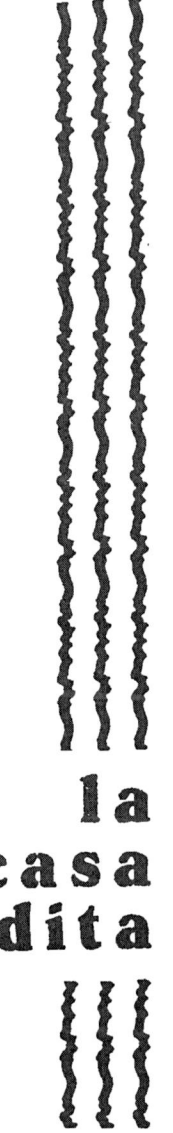

la
casa
maldíta

LEE esta carta—dijo Inés, radiante de júbilo a su padre—que acabo de recibir de Julián, mi primo de América. ¡Qué alegría! Le tendremos entre nosotros antes de un mes, y viene rico en bienes y experiencia, como tú lo deseabas...

El progenitor de Inés, conmovido por el gozo de su hija, cogió la carta, se caló las antiparras, y leyó:

"Mi inolvidable prima: Según te anuncié, mis negocios marchan viento en popa. Tanto, que creo haber entrado ya en la envidiada grey de los burgueses; y, como no soy ambicioso, he decidido repatriarme.

En las postrimerías de junio llegaré a Nueva York, por el ferrocarril de San Francisco; a seguida me embarcaré en el vapor *Bourgogne;* tocaré en el Havre sobre el 9 ó 10 de julio, y después de pasar algunos días en París, tendré el supremo deleite de volverte a ver. Si, como presumo, continúas fiel a tus sentimientos de antaño, pondré a tus pies el fruto de mis

17

ahorros, unos miserables doscientos mil duros. Acéptalos con mi mano, pues tuyos son; porque sólo tu recuerdo ha podido infundirme la salud y la actividad necesarias para ganarlos, y la sobriedad y virtud requeridas para economizarlos.

Desea ardientemente hallarse a tu lado y abrazar a sus tíos, tu primo, *Julián.*"

Esta carta del novio de Inés satisfizo plenamente a D. Tomás, mayorazgo de regular patrimonio, con solar blasonado en Rivalta, y fama de linajudo y honrado en toda la comarca.

Orgulloso de la belleza y talento de su hija, tenía disculpa su empeño en casarla con varón de mérito, discreto, probo y con fortuna tal, que garantizase la conservación del histórico solar y brindase para el porvenir aumentos y prosperidades.

Y a fe que el hidalgo de Rivalta tenía razón al mostrarse satisfecho de su heredera. Merced a educación exquisita, habíala preparado admirablemente para la vida, inculcándola la ciencia y el arte sin pedantería, la moral y la religión sin supersticiones, la virtud y la dignidad sin orgullo, la benevolencia y la ternura sin histerismos ni gazmoñerías.

No desconocía D. Tomás los méritos de su sobrino Julián, médico aventajado, a quien protegió y estimuló mucho durante su carrera, es decir, antes de su emigración a Méjico; mas por aquellos tiempos hallábalo demasiado escéptico, con puntas y ribetes de socialista, y, sobre todo, sin bienes proporcionados a los altos méritos de Inés.

Y aunque no era de presumir que la republicana América hubiera quebrantado las convicciones democráticas y materialistas de Julián, harto sabía D. Tomás, a fuer de ducho y experimentado en las vicisitudes de la vida política, que la virulencia revolucionaria y antirreligiosa se atenúa mucho con el lastre de cuatro milloncejos, o queda reducida al más anodino e inofensivo platonismo.

En cuanto a Inés, ya lo hemos dicho, se ocupaba exclusivamente en festejar con toda su alma la próxima llegada de su novio, en el cual amaba apasionadamente al hombre, sin acordarse para nada del filósofo, ni siquiera del millonario.

El corazón juvenil rara vez elige libremente. La tierra virgen acoge amorosa la primera semilla que el viento le depara, y a su expansión y florecimiento consagra todas las energías robadas al sol y al ambiente. Tal le ocurrió a Inés. ¡Qué mucho que se enamorara de su primo, si éste tuvo la oportunidad de asomarse a su corazón en esos misteriosos y críticos momentos en que la niña se convierte en mujer; en que el alma femenil siéntese súbitamente huérfana y solitaria, e impulsada por previsor instinto, busca inquieta en torno suyo al compañero inteligente y fuerte que ha de ser guía y amparo de su debilidad, confidente y copartícipe de amorosos ensueños! Y aunque desde aquella hermosa alborada sentimental habían pasado muchos años, ¡cómo había de olvidar ella al fiel y cariñoso amigo de la infancia y adolescencia, con quien correteó en el prado y en la playa, e hizo fondo común de ilusiones y esperanzas...; a la gallarda pareja con quien bailó tantas veces en las giraldillas de las romerías, durante aquellos luminosos veranos, consagrados por el estudiante a las gratas efusiones del hogar y a la confortadora vida al aire libre!... En fin, ¡cómo no tener guardadas en el relicario de la memoria aquellas ardientes lágrimas con que Julián, acabada la carrera y a punto de embarcarse para América, se despidió de su adorada prima!...

Pero digamos algo de Inés, protagonista de esta verídica historia. Pertenecía la hija de D. Tomás a esa casta privilegiada de hembras equilibradas, serenas, sanas y robustas de cuerpo y alma, semejantes a las mujeres fuertes de que habla el Evangelio. En ella se juntaban, en feliz maridaje, los instintos piadosos y tiernos de la mujer más exquisitamente femenina, con la enérgica voluntad, seriedad de carácter y aptitud al sacrificio de las grandes heroínas históricas. Una ojeada superficial a su exterior, revelaba ya esta admirable ponderación de prendas morales: su amplia y despejada frente, nariz clásica, cejas de elegante al par que enérgico trazo, ojos grandes y azules de subyugante mirar, y su andar rítmico, pero suelto y desembarazado, la hubieran dado acaso un aire demasiado varonil, si las graciosas curvas de la juventud artísticamente acentuadas, la suavidad y blancura del cutis, redondez de la garganta, pequeñez de las manos y pies y dulzura y encanto de la voz, no hubieran impreso en aquel eurítmico cuerpo de diosa el sello de la más seductora y plácida feminidad.

Todo en ella hablaba de esa belleza interior tan cantada por los poetas, y que no es sino la expresión de un cerebro femenino sabia y armónicamente construido. El *ángel,* como dicen los andaluces, batía las doradas alas en sus largas pestañas, se asomaba a las luminosas ventanas de sus pupilas, hablaba en el oleaje de fuego de sus labios y daba suave compás al ritmo del corazón.

Hembras de este género (y Julián la conocía bien), tiernas y enérgicas a la par, tan fuertes e inteligentes que el sol de la razón disipa rápidamente los vapores del capricho y de la nerviosidad, son el puerto seguro del varón en las tempestades de la vida, el consejo salvador en las dudas y zozobras, y la providencia del hogar, en donde reinan perdurablemente el orden, la disciplina y el amor.

Según es de presumir, su posición de *profesional beauty,* en el sentido honesto y honroso que los yanquis dan a esta frase, creaba a sus padres no pocos conflictos, que se resolvían satisfactoriamente gracias a la extremada discreción de Inés, la cual rechazaba cortésmente a los golosos de su belleza, alardeando unas veces resuelta inclinación al celibato y a la independencia, alegando otras fervorosa vocación por el claustro. Y cuando alguno, harto apasionado o audaz, insistía demasiado en hacerle la corte, revestíase de entereza, y cortando por lo sano le decía: "Caballero, agradezco mucho sus finezas, pero amo a un hombre ausente, y mientras mi prometido viva, he resuelto guardarle absoluta fidelidad". Gracias a esta admirable formalidad, a tan perfecta ausencia de coquetería, pudo Julián aguardar tranquilo el plazo, demasiado largo, de su dicha.

Pues, como íbamos diciendo, Inés, desde la recepción de la famosa epístola, se sentía penetrada de íntimo alborozo; y sin embargo, a ratos, temblaba de emoción: el exceso mismo de su dicha causábale pena, y durante la callada noche, la imaginación en vela, pintábale visiones trágicas y escenas desoladoras. Y cuando, al despuntar la aurora, huían como obscuros murciélagos los tristes presentimientos, dejaban sobre el fondo de la conciencia un tinte sombrío que prestaba tonos melancólicos a las más rientes sensaciones de la vida...

—¡Dios mío!—exclamaba de vez en cuando—. ¿Tendrá feliz travesía? ¡Es tan largo y peligroso el viaje!...

Y cediendo a un sentimiento religioso, en que la mujer encuentra a menudo fuerza para su optimismo, se decía:

—¡Qué desconfiada soy! Le rezaré a la Virgen para que me traiga a Julián sano y salvo.

Y rezó fervorosamente...; y sintió renacer la confianza y la fe en el porvenir; porque Inés vivía aún en esa dichosa e ingenua edad en que la lluvia y el buen tiempo nos parecen representar, respectivamente, las lágrimas y la alegría del Padre piadoso que habita en los cielos, desde los cuales gobierna los acontecimientos del mundo con amor, previsión y sabiduría...

Pero el destino, envidioso de la suerte de los buenos, puso a ruda prueba los amorosos proyectos de nuestros enamorados. Por telegramas de la Agencia Fabra, que ampliaron después los periódicos, supo la pobre niña que el *Bourgogne*, en que regresaba Julián, había sufrido terrible choque con un vapor mercante. Más de la mitad de los pasajeros habían perecido en la horrible catástrofe. En cuanto a los supervivientes, recogidos en un trasatlántico alemán, debían llegar de un día a otro a Cherburgo...

Terrible ansiedad devoraba a la infeliz Inés, que vió disipados en un momento todos sus hermosos ensueños de amor y de ventura. Cual paloma mensajera brutalmente herida durante su triunfal ascensión por los cielos, así cayó la esperanza de la desventurada doncella al certero golpe de la fatalidad.

Pero la ley de la reacción sentimental, providencia salvadora del hombre, entró después en juego, y trajo a la mente imágenes más consoladoras, a cuyo benéfico influjo la enamorada niña volvió a forjar caliente y blando nido a la fugitiva ilusión.

—¡No!—pensó, avasallada por el invencible optimismo de la juventud—. Julián no ha perecido..., me lo dice el corazón, cuyos presentimientos jamás se equivocaron; me lo prometió la Virgen, que no puede engañarme...

Por fortuna, un telegrama expedido en el Havre vino a sacarla de tan dolorosa inquietud. Julián se había salvado, aunque dejando en el fondo del mar casi toda su fortuna, que traía en oro y billetes.

¡Imposible es pintar la efusión de alegría que experimentó Inés cuando, algunos días después, vió llegar a Julián sano y salvo, hecho todo un guapo mozo, bronceado por el aire del mar y más enamorado y rendido que nunca!... Ocioso es decir que el *americano* fué cordialmente acogido y agasajado en casa de Inés, cuyos padres (fallecida años antes la madre de Julián) vinieron a ser sus más próximos parientes.

Entonces se reveló elocuentemente la hidalga condición y bondad de alma de la hija de D. Tomás. Cuando creyó rico a su prometido, una cierta turbación acompañaba a veces su cándida alegría; porque abrigaba el temor de que las gentes, y aun el mismo Julián, juzgasen interesada su inclinación. Además, ¡el dinero abre tantas puertas! ¿Estaba ella absolutamente cierta de no tener competidoras? Pero ahora, que veía a su novio sin fortuna, se consideró completamente feliz, y en su deseo de consolar a Julián, puso especial empeño, no sólo en rendirle más que nunca su albedrío, sino en proclamar orgullosamente su amor, persuadiendo al mundo de la profundidad y firmeza de sus sentimientos.

Con todo eso, nuestro simpático repatriado comprendió bien pronto que su situación en la casa de los tíos variaba de día en día. Desde que el padre de Inés averiguó que toda la fortuna del náufrago consistía en sus deseos de trabajar y en unos pocos miles de duros salvados casualmente del siniestro, comenzó a mostrarse frío y etiquetero con Julián. Un fondo de hidalguía y de bondad, superior a las codicias del ambicioso padre de familia, le impidieron sin embargo, prohibir al joven sus relaciones con Inés; pero su esposa, más resuelta y adusta, dió el desagradable paso que las circunstancias imponían, alejando al novio de la casa y notificando a su hija que en adelante se abstuviera de mirar a Julián como a su prometido.

Cayó Julián en profundo abatimiento.—Héteme— se decía—otra vez necesitado de luchar contra la adversidad, de recomenzar la obra de mi fortuna. ¡Menester es que yo sea rico y que lo sea en seguida!... Pero, ¿cómo llegar rápidamente a la prosperidad? ¿Emigrar nuevamente?... ¡Imposible! Aplazar ocho o diez años más mi codiciada ventura sería tanto como imposibilitarla. Tengo ya treinta y dos años, siete más que Inés, y el amor, de suyo impaciente, no es amigo de los viejos. ¿Qué hacer?...

Una hermosa tarde de abril, Julián, hostigado por su sombría preocupación, paseaba maquinalmente por la serpenteante carretera que, siguiendo la orilla del mar, enlaza Rivalta con Villaencumbrada, capital de la comarca. La primavera, algo tardía en aquel clima nebuloso, comenzaba a romper la monotonía del verde obscuro de bosques y praderíos, con manchas florales de brillante y variado matiz. A uno y otro borde del camino, orlado de colgantes guirnaldas, oscilaban a impulsos de suave brisa la amarillenta flor del espinoso tojo, los blancos y rosados pétalos de las margaritas y los cálices morados del lirio, semejantes a pintadas mariposas. Del vecino encumbrado bosque descendía un sordo clamor de savia renovada y un hálito embalsamado y tibio que sugería la alegría de vivir. Vapor tenue y azul, especie de velo de himeneo, tejido de gérmenes microscópicos, flotaba en las hondonadas, recatando del sol el acto sublime y misterioso de la conjugación de plantas y animales. A la izquierda veíase el hirviente mar, inquieto cual fiera en la época del celo, de cuyos profundos senos, preñados de protoplasma fecundo, saltaban a tierra, al compás de ronco y grave himno nupcial, millones de vidas ansiosas de oxígeno y de luz; mientras que el cielo transparente y puro, tras luengos días de plañidera lluvia, permitía distinguir, sobre el fondo azul turquí, los abruptos montes de la vecina cordillera, y allá en las lejanías la silueta audaz y festoneada de los blancos picos de Europa...

Aquella contradicción entre el triste declinar de un alma y el alegre despertar de la naturaleza, entre las bulliciosas bodas de flores, pájaros e insectos, y la viudez melancólica de su corazón, dió a los pensamientos de Julián un tinte de infinita tristeza...

—Decididamente—se dijo—el hombre está condenado a no armonizar jamás con la sinfonía del mundo, a vivir en perpetua pugna con los mandatos más imperiosos de la naturaleza, de la cual parece como que se obstina en alejarse... ¡Ah, cuán lejos estamos de aquellas dichosas edades en que los humanos, exentos de preocupaciones y convencionalismos, gozaban la libertad de amarse al modo de los pájaros en la enramada y las flores en los prados!...; tiempos felices en los cuales la sociedad, ruda y sencilla, desconocía el parásito social, la letra de cambio, el sobretrabajo, y ante todo ese sombrío terror de la miseria, de tantos crímenes e injusticias responsable...; en que la hormiga humana, contenta con el afán de cada día, no había inventado aún el arte imbécil de acaparar, fatigosa y dolorosamente, durante el verano de la vida, para morir en el agotamiento y en la enfermedad antes del invierno!...

Pero Julián no era de esos hombres que se abaten fácilmente. Templado para las grandes empresas, tenía inquebrantable fe en los milagros de la voluntad.

Y así, la razón, momentáneamente turbada por la emoción, se enseñoreó luego de los dominios del sentimiento, y barrió implacablemente todas las imágenes deprimentes y melancólicas. Y el alentado mancebo, en un rapto de entusiasmo optimista, exclamó:

—Desechemos la melancolía, que es el heroísmo de los cobardes, y tomemos ejemplo de la Naturaleza. También ella tiene su Evangelio, predicado por flores e insectos, plantas y animales; sólo que tan inatentos somos, que no nos paramos un solo instante a escuchar sus augustos y elocuentísimos preceptos. En ese incontrastable afán de los gérmenes por fundir dos existencias en el ardiente beso de la fecundación...; en ese perenne y recio batallar por la luz, el oxígeno y el alimento, ella nos dice que sólo hay en el mundo dos realidades serias, transcendentes, dignas de preocupar a los espíritus fuertes: *luchar para vivir y vivir para amar.*

Luchemos, pues, con ánimo valeroso, y *amemos* con fortaleza, puesto que la Naturaleza, nuestra madre, así lo quiere...

Ensimismado con estos pensamientos, traspuso Julián insensiblemente el horizonte de la aldea, y llegó casi a la vista de Villaencumbrada. Al revolver de una apacible colina que avanzaba mar adentro, no lejos de una pequeña y pintoresca ría, divisó una soberbia quinta, o más bien aristocrático palacio, levantado sobre alegre altozano. En las inmediaciones, y separados por extensos huertos y praderíos, mostrábanse diversas construcciones accesorias: casetas para los aperos, sidrería, hórreos y henares, estufas y umbráculos... en fin, todo cuanto un colono rico, amante del *confort* y de la abundancia, pudiera apetecer para crearse una existencia aislada, regalada e independiente. Por las inmediatas colinas se dilataban, en extensión interminable, labrantíos y praderas, pumaradas y castañares, dominios anejos a la lujosa quinta, según se echaba de ver por la línea de colosales eucaliptus que separaba la heredad de los vecinos predios.

Pero lo que más llamó su atención fué que tan lujoso palacio, con ser casi nuevo, parecía completamente abandonado: el orín de las cancelas, la hierba de las calles del jardín, el polvo de los cristales, muchos de ellos rotos, y el abandono de los árboles frutales, que crecían a su sabor invadiendo parásitamente avenidas y paseos, denotaban que en la finca no habitaba ni dueño, ni arrendatario, ni conserje.

Picado en su curiosidad, y no viendo alma viviente por allí, se adelantó a un prado lejano, donde un aldeano se ocupaba en dallar hierba, y preguntó a éste por la causa de tan extraño abandono.

—¡Cómo! ¿no sabe usted nada?—contestó el labriego, con expresión de extrañeza—. Esa es la *Casa maldita*, así llamada porque cuantos en ella habitaron han muerto o enfermado gravemente antes del año. Muchos dicen que está embrujada, y que sus salones y pasillos crían manchas de sangre, y son recorridos continuamente por duendes y almas en pena... Añaden que por la noche las ventanas del torreón se iluminan con llamas rojizas y las campanas de la capilla doblan solas a muerto, como si manos invisibles tiraran de la cuerda...

—¡Pero esto es absurdo! ¡Cómo!... ¡Un cuento de aparecidos en pleno siglo xx! ¿Está usted en su juicio?...

—Señor, yo no sé si lo de las brujas es verdad, pero como vecino de estos contornos, sí puedo asegurarle, pues lo he visto con mis ojos, una cosa muy extraña: Sepa su merced que la desgracia no persigue tan sólo a las personas que en la casa se arriesgan a vivir, sino también a las vacas, carneros y caballos apacentados en sus praderíos; todo ganado muere sin remedio en cuanto prueba la hierba envenenada. Y puedo decir también que en los tiempos húmedos, las calles del jardín, llenas de musgo, se cubren de manchas rojas semejantes a la sangre, y que durante las tempestades, el arroyo nacido en la finca, viene teñido de rojo, como si en sus márgenes los malos espíritus hubieran librado una batalla.

Intrigado por la estupenda historia que acababa de oir, demandó Julián más precisos y detallados informes a las gentes de los vecinos caseríos. Y contra lo que esperaba, las noticias recolectadas confirmaron substancialmente la narración del aldeano, y añadieron algunos datos preciosos, que fueron para nuestro protagonista un rayo de luz y de esperanza.

He aquí los antecedentes de la extraña *Casa maldita:* Fundóla, hacía diez o doce años, un hereje o protestante millonario, no se sabe si inglés o alemán, llegado de las Antillas—y probablemente enfermo de paludismo—en demanda de salud, al dulce y saludable clima de la costa Cantábrica; pero al año y medio de acabada la construcción, y cuando praderas y maizales comenzaban a rendir pingüe beneficio, murió repentinamente, y poco después dos de sus hijos. Aterrados la viuda y el resto de la familia, en la cual había también algún enfermo del extraño mal, malvendieron la finca y emigraron del país. Compróla después un indiano opulento, asaz despreocupado, que sin hacer caso de fúnebres horóscopos, se propuso avalorarla, añadiéndola nuevas tierras y edificaciones, creando, en fin, una colonia agrícola y pecuaria modelo en su género; y cuando la sidrería recién instalada y la fábrica de quesos y mantecas y el abundante ganado y praderíos y frutales estaban en plena y lucrativa producción, estalló súbitamente temible epizootia, que despobló, casi enteramente, cuadras y majadas. Al poco tiempo, enfermaron y fenecieron el dueño y dos hijas. La desolada viuda, único superviviente de tan desdichada familia, huyó aterrorizada de la *Casa maldita*, la cual, a consecuencia de semejante catástrofe, no encontró durante tres años ni comprador ni arrendatario.

Al fin, la citada viuda, deseosa de deshacerse a todo trance de tan peligroso inmueble, cediólo, por la décima parte de su valor, a cierto librepensador impenitente, un *sprit fort* que se reía de trasgos y duendes, de aparecidos y *jettaturas;* mas por su desgracia, la mala racha continuaba en todo su auge, y, al mes de instalarse, el valeroso escéptico perdió un hijo, y él mismo cayó gravemente enfermo. Supérfluo es decir que salió escapado del funesto palacio, no sin retirar antes sus vacas y caballos diezmados por la epizootia. Desde entonces quedó completamente yerma y abandonada la espléndida posesión.

Según era de presumir, la superstición popular había bordado, sobre aquel fondo de trágicas realidades, sombrías y fatídicas leyendas. En sentir de los aldeanos ignorantes y fanáticos, aquella finca, fundada por un perro protestante, estaba maldecida de Dios, y servía de mansión a demonios y brujas, que celebraban en ella lúgubres ritos y danzas macabras. Ni faltaban viejas que juraban haber sorprendido más de una vez brillar, en las ventanas del torreón, luces siniestras; mientras que de las solitarias estancias del vacío palacio salían lastimeros gemidos y horrísonos ruidos de cadenas...

No era mucho que la imaginación popular diera rienda suelta a las más inverosímiles consejas, cuando el cura mismo del pueblo de Rivalta, a cuya parroquia pertenecía la casa misteriosa, confirmaba tan disparatadas invenciones. Para Mosen Cándido, la causa de las desgracias ocurridas en *Casa maldita* era la cólera divina, justamente irritada contra el pueblo, por haber consentido, so color de tolerancia de cultos, que un cismático execrable, enemigo encarnizado de la Santa Madre Iglesia, fijara su residencia en la cristiana comarca y edificara, sin el menor respeto al venerado culto de la Virgen, palacio y capilla. En vano, el cirujano, hombre discreto y tolerante, así como algunas personas razonables, solían atajar los apasionamientos del párroco, recordándole que fueron víctimas de *Casa maldita,* no sólo los hombres (entre los cuales se contaban sinceros católicos), sino hasta las vacas y carneros; el cura no se declaraba vencido, antes bien cobraba nuevos bríos, citando aquellas tremendas conminaciones de Jehová a los hebreos:

"Mas la ciudad será anatema de Jehová, ella con *todas sus cosas* que están en ella... Y destruyeron todo lo que en la ciudad había, doce mil, entre hombres, mujeres, mozos y viejos, hasta los bueyes, asnos y ovejas, a filo de espada... Dominó, pues Josué todas las regiones de los llanos y montañas... y a todos sus reyes, sin quedar nada; *todo lo que tenía vida* mató, al modo que Jehová, Dios de Israel, lo había mandado..."

Eʟ cielo vió abierto, como suele decirse, el animoso novio de Inés, al conocer minuciosamente los siniestros antecedentes de la *Casa maldita*.

¡Qué fortuna—se decía—si yo lograra hacerme dueño de esta posesión!

¡Ah!—pensaba—. En esos bosques y praderíos abandonados, en ese palacio señorial habitado por murciélagos y buhos, está la reconquista de la riqueza y de la felicidad!

Presa de la mayor impaciencia, buscó, pues, Julián, sin pérdida de momento, a la dueña de la finca; hallóla, por suerte inmediatamente, en Villaencumbrada, y después de breve discusión y regateo, cerróse el trato en quince mil pesetas. Hecha la escritura, a los pocos días tomó nuestro protagonista posesión de una heredad, que valía más de setenta mil duros, pero que, según dejamos dicho, no producía a su propietaria más que temores y remordimientos.

Al explorar, días después, los extensos y magníficos dominios de que había venido a ser legítimo señor, gracias al terror y a la ignorancia del pueblo, cogió en sus manos un puñado de tierra, y en un rapto de férvido entusiasmo exclamó:

—¡Pobres gentes! Creen, ilusos, que tú eres la muerte, cuando en realidad eres vida y fortuna! Más aún: eres Inés, ¡la dicha codiciada, el ideal perseguido!...

Pero antes de proseguir, debo al lector una presentación de Julián. Lo pide el buen orden y claridad de esta historia, lo demandan imperiosamente sus nada vulgares méritos.

Si el lector se ha figurado que nuestro protagonista, por el hecho de haberse expatriado, pertenecía a la turbamulta de médicos adocenados, buenos no más, como los *Artistas para la Habana,* para ejercer en las tierras asoladas por el vómito y la disentería, se equivoca de medio a medio. Julián había sido en Madrid, donde hizo su carrera, un estudiante brillantísimo, acaparador incansable de premios y pensiones. Sus estudios salieron casi de balde a su familia, gracias a los alientos y facilidades que el talento desvalido, pero trabajador y formal, halla en la corte. Así pudo economizar a la madre, pobre y achacosa viuda de un cirujano asturiano, la exigua renta destinada a conllevar una ancianidad ya muy vecina. Acabada la carrera, trasladóse Julián a Rivalta, con la mira de establecerse en el Concejo y realizar el sueño de su vida, su casamiento con Inés; mas la ambición de D. Tomás, que, según dejamos dicho, codiciaba un yerno millonario, y el deseo de ahorrar, a la elegida de su corazón, sinsabores y contrariedades, le obligaron a emigrar.

Recomendado por algunos amigos suyos comerciantes afortunados en Méjico, se estableció en la ciudad de Moctezuma, donde, merced a su saber, ganó una plaza en la beneficencia pública, y llegó a ser, antes de los tres años, el médico a la moda, y una de las personas más influyentes y apreciadas en la población.

Lector incansable, observador concienzudo y cabeza moderna, no se contentaba con la mera exploración sintomatológica de los enfermos: afinaba más delicadamente la puntería diagnóstica y pronóstica, para lo cual apelaba de continuo al microscopio y la química. Y así, contra el hábito secular de las razas meridionales, empeñadas en resolver con discursos todos los problemas de la vida, nuestro doctor instaló en su casa un magnífico laboratorio de análisis bacteriológicos, histológicos y químicos; reunió en la biblioteca las principales revistas científicas del mundo, y se entregó fervorosamente a profundas y luminosas investigaciones sobre la etiología de las enfermedades infecciosas de los países cálidos. Sazonados frutos de tan intensa labor fueron una cultura médica sólida y un prestigio científico tan alto e indiscutible, que nuestro doctor pasaba en Méjico como la suprema e inapelable autoridad en materias patológicas e higiénicas.

Voluntad firme y entendimiento claro y positivo, Julián vió desde el primer momento en el asunto de *Casa maldita* que las desgracias a que debía la abandonada finca su fúnebre celebridad eran simple consecuencia de condiciones naturales del terreno y del ambiente, fáciles de descartar con un poco de ciencia y buena voluntad. En cuanto a los trasgos y duendes, gemidos lastimeros y fulgores siniestros, y a toda la lúgubre leyenda demoníaca y espiritista construída en torno del hecho positivo de la insalubridad de la finca, no merecían siquiera serio examen; representaban tan sólo alucinaciones de pusilánimes, histéricas y supersticiosos...

Como una bomba cayó en el pueblo la decisión de Julián, consternando profundamente a la pobre Inés, que, en su imaginación turbada, veía ya a su novio amenazado de un naufragio más cruel que el pasado.

Los amigos del mozo trataron inútilmente de disuadirle de lo que estimaban verdadero suicidio. Y hasta don Tomás reprobó una conducta que aparecía cual desesperado reto a la fatalidad y aun como audaz desafío a la Providencia.

En la imposibilidad de hablar a Julián, la tierna Inés, inconsciente causa de tan atroz decisión, apresuróse a escribir al arriesgado mancebo, extremándole, para disuadirle, las seguridades de su pasión inquebrantable y la entereza invencible de su ánimo:

"Por Dios, Julián—concluía la carta—no tientes al destino. Ten confianza en mí; yo te esperaré sin desmayos hasta que alboreen días mejores. Y, en último caso, acuérdate de que soy mayor de edad y dueña de mi voluntad. Jamás ansié, bien lo sabes, riquezas ni vanidades: me bastas tú. Y aunque me precio de buena hija, ten presente que por tu felicidad, que es la mía, me siento capaz de afrontar hasta la indignación de mis queridos padres. En fin, si en algo estimas mi sosiego, no habites la *Casa maldita* ni penetres en sus maléficos dominios."

No fué perezoso Julián en contestar a su atribulada novia. De esta importante epístola, impregnada en apasionado perfume, y sugestionadora por el acento de verdad que en ella reinaba, transcribiremos únicamente algunos párrafos que interesarán a los lectores, así por su sabor científico, como por esclarecer puntos obscuros de la presente historia.

"Persuádete (de ello poseo pruebas irrecusables) de que los dueños o colonos de la *Casa maldita* fueron inocentes víctimas, los unos de intermitentes perniciosas, los otros de fiebre tifoidea. Mi amigo, el cirujano del pueblo, que asistió a varios de los enfermos, me ha relatado los síntomas y confirmado mi diagnóstico.

"Ahora bien, de mis estudios sobre el terreno, resulta que, del trágico fin de los palúdicos son responsables unas charcas próximas a la ría, vivero de ciertos mosquitos, los terribles *Anopheles claviger*, cuyas picaduras inoculan en la sangre el parásito de la malaria. Puesto que el paludismo es rarísimo en estos climas, tengo por sumamente verosímil que el foco de infección, puramente local, aquí creado, fué importado por la familia inglesa recién llegada de las Antillas, y fundadora, como sabes, de *Casa maldita*.

"En tiempos poco alejados de nosotros, el mecanismo de semejante importación constituía impenetrable misterio; pero hoy, merced a los trabajos de Ross, y sobre todo de Grassi y demás ilustres sabios de la escuela italiana, se sabe que un palúdico arribado a una comarca salubre puede infectar los mosquitos de la localidad, dando ocasión, por consiguiente, a la formación de un foco malárico perenne.

"Por lo que toca a la epidemia tífica, no hay duda

que fué provocada asimismo por condiciones del terreno. Entre las aguas de estos lugares, analizadas bacteriológicamente por mí, existe una fuente artificial (de que hacían uso casi exclusivo los colonos de la posesión), en donde se contienen el terrible bacilo tifoso, el *bacillus coli communis* y otros microbios de menos importancia. De todos ellos puedo presentarte cultivos sumamente demostrativos. La mencionada fuente trae su caudal por atanores de un arroyuelo que, durante la época de las lluvias, recoge las inmundicias de los pueblos de la sierra, y se impurifica por tanto con toda suerte de bacterias patógenas.

"¿Y el ganado, dirás, murió también de paludismo, o de fiebre tifoidea? No; las vacas, caballos y carneros sucumbieron a los efectos de la *bacera* o *mal del bazo,* afección contraída por haber pastado en un prado contaminado, en donde, según informes recogidos, fueron en otro tiempo enterradas caballerías muertas de la referida epizootia. Ensayada la tierra superficial de dicho prado en los conejos, han perecido éstos con los síntomas más característicos del mal del bazo o fiebre carbuncal.

"Ya sabes, pues, las condiciones determinantes, puramente físicas, de las desgracias ocurridas en *Casa maldita.* En ellas no han tomado parte Dios ni el diablo, sino el microbio, un demonio invisible bastante más real y peligroso que todos los entes maléficos inventados por la ingenua ignorancia y supersticioso terror de los humanos.

"Conocidas las causas, descartados los efectos; y por fortuna, dichas causas son fáciles de remover sin grandes dispendios, gracias a la feliz disposición del terreno y a los recursos inagotables de la ciencia. Según cálculo que estimo seguro, el saneamiento perfecto de la finca será obra de tres meses de labor y de unas tres mil pesetas de costo. Y la empresa vale la pena.

"Ten por indudable que cuando yo haya purgado *Villa-Inés* (así pienso llamarla en adelante), de los monstruos microscópicos que la convirtieron en una especie de infierno dantesco, el inmueble y las tierras, tasadas muy por lo bajo, valdrán cien mil duros; con los cuales, y con el apoyo vivificador de tu cariño, espero desarrugar el ceño de tus padres y enternecer sus adustos corazones.

"Y las brujas y gnomos, fatídicos habitadores, según el vulgo, de estas misteriosas estancias, cuando no huyan cual deslumbrados buhos ante el refulgente sol de la ciencia, se disiparán al mágico conjuro de un hada que tú conoces y yo reservo para reina de tan poéticos lugares."

Es condición de la enamorada creer ciegamente en la superioridad intelectual del amante, y hallar una lógica irrebatible en los argumentos halagadores del amoroso deseo. De acuerdo con esta ley psicológica bien conocida, Inés, que no era fanática ni mojigata, cobró alentadora confianza en la ciencia y prudencia de Julián; aunque, a decir verdad, tan alto no rayaba su fe que desechara en absoluto todo sentimiento de inquietud y de zozobra. En la balanza de su razón, el platillo de la superstición religiosa, del culto a lo maravilloso, estaba tan poco sobrecargado, que bastaba el contrapeso de un argumento lógico y comprensible para que el fiel se inclinase del lado de la verdad. Pero, desgraciadamente, la balanza del juicio se apoya en el corazón, cuyos sacudimientos emocionales hacen oscilar los platillos, pareciendo en ciertos momentos como que el de la superstición alcanza la victoria definitiva.

En uno de estos instantes en que los turbios sedimentos de la tradición religiosa, suelen ser removidos por afectos sentimentales, y flotando en la conciencia, anublan y señorean la voluntad, Inés, recelando mil desdichas, volvió a escribir a su amante, a quien, entre otras cosas, decía:

"Todo lo que aseguras será cierto; lo creo y debo creerlo. Eres sabio y fío en tu ciencia. Pero, ¿y si antes de acabar con los invisibles enemigos que te rodean y atisban tienes un descuido y enfermas? ¡Me sobrecojo de terror al considerar que pudieras caer en la lucha y permanecer en tu sombría vivienda solo y abandonado de Dios y de los hombres! Sanea la finca, enhorabuena; pon en práctica cuantas previsoras medidas tu buen juicio te sugiera; pero, ¡por cuanto más ames en el mundo, no duermas en la *Casa maldita!*... Solamente con esta condición disiparás algo el angustioso sobresalto en que me haces vivir...

"Me das a entender que los microbios de hoy son los diablos de ayer. Pero, ¿acaso no gobierna Dios a los microbios? ¿Estás bien seguro de que, en las catástrofes de *Casa maldita,* esos gérmenes, tan visibles para su Creador cuanto invisibles para nosotros, no fueron los ministros de la Providencia? Tú eres bueno, sin duda; pero créeme, viviría yo mucho más

tranquila si consintieses en iluminar tu claro entendimiento y hermoso corazón en la pura y redentora
llama de la fe.''

CABALMENTE el tiempo y la estación favorecieron
los planes de Julián. Una sequía pertinaz, desusada
en aquellas montañas, permitió activar los trabajos
de saneamiento, que se continuaron sin contratiempo
durante los meses de verano. Asistido de una brigada de trabajadores gallegos y castellanos (los del
país se negaron a trabajar en la finca), comenzó
por abrir cauce a las charcas pantanosas vecinas de
la ría; desenterró y quemó las osamentas de las reses
muertas del mal del bazo, chamuscando además la
capa superficial de la pradera infectada, donde hormigueaban los esporos del *bacillus anthracis.* En los
remansos del arroyo, así como en las exiguas charcas que resistieron al avenamiento, derramó petróleo
y otras substancias antisépticas, con lo que acabó con
las nacientes larvas del *Anopheles claviger,* el insidioso mosquito portador del *plasmodium Malariæ.*
El raudal de una fuente que brotaba en el hontanar
de próxima colina, y cuyas aguas, admirablemente
potables y exentas de microbios según demostró el
análisis, se desparramaban sin utilidad por la ladera,
fué conducido por tubería de hierro hasta un depósito del jardín, donde, a más de alimentar una fontana decorativa y elegante, dió movimiento a artística girándula.

Más tarde, el nuevo dueño limpió las estancias del palacio; instaló un laboratorio bacteriológico en el torreón; reparó los rotos cristales de ventanas, estufas y marquesinas; atajó goteras; amuebló con modestia, pero con gusto, algunas habitaciones; compró algunas vacas y caballos, que pastaron ávidamente en aquellos matorrales y terrenos vírgenes de dalla y arado; podó las pumaradas y puso, en fin, en cultivo las tierras de labor. Con los mohos y verdines se desvanecieron para siempre las famosas *manchas de sangre,* que resultaron ser, conforme Julián había previsto, colonias del *micrococcus prodigiosus,* bacteria inofensiva productora de cierto principio colorante rojo claro, a cuyo cargo corren, por ermitas y santuarios, infinitos y estupendos milagros.

Entretanto, el pueblo de Rivalta se hacía cruces de la audacia de Julián, y ardía en curiosidad de llegar al final de tan peligrosa aventura.

De este modo transcurrió todo el verano, durante el cual nuestro héroe trabajó sin punto de reposo en la conquista e higienización de los extensos predios de Villa-Ines. Y las gentes vieron con asombro que ni Julián enfermaba—antes bien engordaba y se fortalecía con la vida de aire libre y la continua ocupación—ni sufrían accidentes y contratiempos obreros y ganados.

Con todo eso, los supersticiosos creyentes en brujas y diablos no se dieron por vencidos, ni pusieron en duda la proximidad e inexorabilidad de la catástrofe, profetizándola unos para la caída de la hoja, otros para las postrimerías del año.

publicaciones
goya

Y transcurrieron el septiembre y el octubre, meses palúdicos por excelencia en otras comarcas, y los colonos ¡sanos que sanos! y el ganado ¡gordo que gordo! De fiebre tifoidea ni asomos. Llegó el invierno con su inevitable cortejo de nieblas, temporales y escarchas; laváronse las tierras; limpiáronse los arroyos de gérmenes e inmundicias, y desaparecieron de regatos y marismas hasta los cadáveres de los mosquitos. En condiciones tales, recelar de la salubridad de Villa-Inés hubiera sido el colmo de la pusilanimidad. No dudó, pues, Julián un momento, después de tranquilizar a su novia, en instalarse definitivamente en el palacio, donde ocupó varios departamentos orientados al Mediodía, y con espléndidas vistas al mar. Mas como la emoción del pueblo continuaba aún, y nadie se prestaba de buen grado a asistirle de criado, se vió en la necesidad, durante aquel invierno, de aceptar los servicios domésticos y cocineriles de cierto peón gallego, a quien por haber sido asistente y ranchero, se le alcanzaba algo en achaques de comistrajos y aseo de ropa y calzado. Sin embargo, más adelante, entrada ya la primavera, tuvo la fortuna de ajustar, en concepto de cocinera y doncella, a una anciana forastera, sorda como una tapia, y la cual, por razón de este defecto físico, ignoraba la fúnebre leyenda de la casa.

Así transcurrió apaciblemente el primer año. Bajo el aspecto económico, la próxima añada se presentaba mejor aún que la anterior. En vista de que los tristes augurios no se cumplían y los asuntos de Julián marchaban viento en popa, acudieron trabajadores de los vecinos pueblos. Merced a este refuerzo, pudo aquél extender el área de los cultivos, segar completamente los prados, recoger las manzanas y el maíz, y acrecentar en fin sus vacadas, que se multiplicaban que era una bendición.

Puso, además, en explotación algunas industrias auxiliares, tales como la fabricación de queso y sidra y la molienda de granos, para lo que habilitó una azuda y molino arruinados, y aun llegó a planear, dejando su realización para más adelante, magnífica fábrica de luz eléctrica movida con turbina.

Inaugurábase bajo los mejores auspicios el tercer año de explotación de la magnífica colonia agrícola y pecuaria, cuando un accidente casual sufrido por Julián renovó los temerosos augurios. Y fué que, al recorrer los montes anejos a la posesión, el potro fogoso y asustadizo montado por aquél, se encabritó súbitamente, despidiendo con ímpetu al descuidado jinete, que resultó con fractura de la clavícula y algunas contusiones. Renqueando trabajosamente, recogióse el asendereado y maltrecho caballero a Villa-Inés, donde, después de explorado el sitio del mal, pudo cerciorarse que se trataba de una fractura sin complicaciones.

A toda prisa fué llamado el cirujano D. José, quien redujo hábilmente la ruptura y aplicó el adecuado vendaje contentivo. Y el enfermo, que ardía en deseos de proseguir los trabajos agrícolas, se vió obligado a rigurosa quietud durante un mes.

La cosa nada tenía de particular; mas tan vulgar y ordinario percance bastó, sin embargo, para que se desataran las lenguas de las comadres de Rivalta, se abultaran los hechos y se lanzaran a los cuatro vientos pavorosos horóscopos. Y, según es de presumir, la desfigurada noticia del suceso llegó a oídos de Inés, la cual, creyendo poco menos que moribundo a su amante, fué presa de la mayor desolación. Por fortuna, los informes de D. José y una carta tranquilizadora de Julián, trajeron la calma y el consuelo al ánimo de la acongojada doncella, aunque no fueran poderosos a disipar enteramente inquietantes cavilaciones y sobresaltos.

Apenábale, sobre todo, la triste situación del enfermo, huérfano de maternal ternura, a merced de torpes y mercenarias manos, solitario en sombrío e imponente caserón, en donde por fuerza habían de faltarle esas exquisitas y cariñosas atenciones de que únicamente las esposas y las madres son capaces. ¡Ah!, si tiranías del *qué dirán* no se lo estorbaran, ¡con qué piadoso entusiasmo volara ella al lado del elegido de su corazón, constituyéndose en voluntaria y abnegada enfermera!...

Así transcurrieron quince días, que a la pobre Inés, desfalleciente de impaciencia, parecieron siglos, pues durante estas dos mortales semanas no recibió noticias de su novio ni pudo hablar con D. José, *ausente por entonces de Rivalta.* Punzante y atormentadora ansiedad la consumía... Y por su mente, donde renacían las antiguas y borrosas preocupaciones, cruzaban, cual obscuras aves de mal agüero, pensamientos tristes y visiones trágicas.

—¿Habrá recaído en su dolencia?—se decía—. ¿Me confesaron él y D. José toda la verdad? ¿Habrá sobrevenido imprevista y grave complicación? ¿Qué es de él? Yo quiero saberlo... yo debo saberlo y lo sabré...

Pagando tributo al inmoderado afán de originalidad que a todos nos trastorna, debiera yo callar aquí una resolución generosa y abnegada de nuestra heroína, resolución mil veces atribuída por poetas y noveladores a los sendos protagonistas de sus fábulas; mas los fueros de la verdad, superiores a toda preocupación literaria, me obligan a referir sin velos el suceso; y más tratándose de un arranque pasional susceptible de sublimar y enaltecer la figura moral de la simpática y apasionada Inés.

Consignemos, pues, que, pasados que fueron otros veinte días sin recibir noticias del hombre adorado, la animosa doncella, que había agotado las lágrimas y la paciencia, rompiendo con vanos escrúpulos, cierta noche abandonó sigilosamente el paterno solar. Vaciló un instante al trasponer temblorosa el dintel de la casa; pero sacando fuerzas del inagotable depósito de su pasión, se lanzó resueltamente a la calle, saliendo del pueblo por la puerta del mar, punto de partida del camino de Villaencumbrada. Minutos después, a la dudosa claridad de la luna, abandonaba la carretera y se aventuraba animosamente por angostos senderos, sombreados por gigantescos castaños; y en fin, habiendo llegado cerca de la solitaria residencia del amado, tuvo energía para imponer silencio, en un supremo arranque, a los tempestuosos latidos de su corazón, y llamar valerosamente a la cancela de Villa-Inés. A pesar de lo avanzado de la noche (sería la una de la madrugada), vió luz en las habitaciones de su novio y aun le pareció divisar a éste al través de las vidrieras... Oyóse en seguida rechinar de puertas y el fatigoso y jadeante paso de la vieja camarera, la cual, después de abrir la verja y de colmar a la visitante de exquisitas atenciones, la condujo *incontinenti* al gabinete de trabajo de Julián, a la sazón despierto y al parecer abstraído en hondas especulaciones científicas...; pero en realidad aguardando a Inés, de quien conocía la ardorosa impaciencia, y presumía la inminente visita...

El picarillo de Julián, estremecido de júbilo, lleno de salud y robustez, y con el brazo todavía en cabestrillo, adelantóse a recibir a su idolatrada Inés, quien, al ver a su novio tan rozagante y alborozado, casi se desvaneció por el exceso de la alegría.

Estaba en aquel momento soberanamente hermosa. Con su vestido claro y vaporoso, cuyos pliegues contaban, discreta y recatadamente, las espléndidas y arrebatadoras curvas de la estatua; con su rostro arrebolado por la emoción, el dorado cabello en artístico desorden, el talle cimbreante y el andar majestuoso, semejaba sobrenatural aparición, el númen del amor que venía a traer, al solitario y doliente enamorado, la salud y la ventura...

—¿De veras estás bien, Julián?—exclamó Inés con trémulo acento.

—Mejor que nunca; puesto que tengo la dicha de verte.

—¡Ah!... ¡qué gran peso me quitas del corazón! ¡Ingrato!... ¿por qué no me escribías? ¡Qué días más amargos me has hecho pasar!... Sabía que eras enérgico, dominador, obstinado... ¡pero ignoraba que eras también cruel!...

—Inés de mi alma, perdóname la cándida estratagema. Ansiaba contemplarte de cerca, poner a prueba tu cariño...; averiguar hasta qué punto este amor, para mí más precioso que la vida, sabría sobreponerse a los frívolos convencionalismos sociales, a las vulgares e insulsas cortapisas impuestas a la mujer por eso que se llama buena educación... Quería, ¡egoísta de mí!, ofrecer a mi sensibilidad sobreexcitada por la clausura la regalada fiesta de contemplar tu belleza, destacada sobre el misterioso fondo de la noche, e iluminando la sombría soledad de mi retiro, que desde hoy quedará impregnado de tu aliento y perfumado y ennoblecido por tu espíritu...

—Te perdono...—repuso Inés, transfigurada por la alegría y mirando a su novio con dulcísimo embeleso—; pero, ¡por Dios, no apeles más a recursos tan poco piadosos!... Me he escapado de casa aprovechando el profundo sueño de mis padres y debo regresar antes del amanecer... ¡Qué terrores me agitaban durante el arriesgado viaje! A cada paso creía tropezar con gentes conocidas, o, lo que es peor, con esos pavorosos espectros habitadores, al decir de las gentes, de esta malhadada mansión. Solamente la invencible codicia de verte me ha podido prestar alientos para llegar hasta aquí...

—¡Inés mía!... Calma tu emoción y siéntate a mi

lado... No te inquiete el regreso...; yo mismo te acompañaré hasta el pueblo antes del amanecer... Ni temas que este paseo altere mi salud: estoy casi curado y no me hace daño el relente.

Y el tierno dúo de amor continuó en crescendo... Un doble y cruzado surtidor de ideas y sentimientos remansados por la ausencia y oprimidos por la distancia puso en comunicación—mejor dicho—en sublime conjugación, sus almas, sedientas de cariño.

Relatar menudamente las efusiones de nuestros amantes sería empresa superior a nuestras fuerzas. El diccionario de la emoción es más pobre que el de las ideas.

Hecho notorio es que la retórica del amor obedece a una progresión emocional y expresiva que va desde la mera alegación verbal, con tendencias sugestivas, hasta la insuperable y soberana elocuencia del gesto y del contacto.

Obedeciendo inconscientemente a esta ley, comenzaron su plática los amantes, repitiéndose mil veces cuán grande, íntima y perdurable era su respectiva pasión. Pero no tardaron en sentir la insuficiencia expresiva de la palabra humana, de esa vibración sutil portadora de símbolos abstractos, buenos tan sólo para evocar lo más grosero y material del sentimiento y de la idea; aguijados, pues, por un impulso dialéctico incontrastable, renunciaron a la palabra y apelaron a los magnéticos efluvios de la mirada, y sobre todo al apasionado contacto de las manos.

Poco después, la tensión y el malestar orgánicos aumentaron aún, y el ansia infinita de explicarse llegó al paroxismo. Hubo entonces tregua salvadora, calma augusta y solemne. Sumisas y obedientes, acercáronse las células labiales respectivas..., y de repente sonó en la estancia un beso magnífico y rotundo...; beso fragoroso como el rayo, y como el rayo pacificador de contrapuestas amenazadoras energías...

Al frenesí del amor sucedió en seguida una calma suave, dulcísima, inefable. ¡Era que las almas y los cuerpos se habían explicado al fin! Y la demostración decisiva, irrefragable, había sido dada en una dialéctica absolutamente persuasiva, el lenguaje universal e infalible de la vida.

Y ahora, no sin cierto escrúpulo, vamos a referir un episodio inopinado, que de seguro producirá estupefacción en el lector.

En el instante mismo en que el augusto silencio de la noche fué brutalmente turbado por aquel ósculo fragoroso, épico, síntesis de todos los besos celulares, un relámpago deslumbrador y violáceo rasgó súbitamente el ambiente de la estancia, envolvió en cárdenos destellos a la gentil pareja, y, saliendo por las entreabiertas ventanas, iluminó, con pálidos y misteriosos reflejos, bosques, caseríos y montañas.

Terror trágico sacudió los nervios de la pobre Inés, cuyos grandes ojos abiertos contemplaban atónitos los de Julián; mientras que éste, sin inmutarse en lo más mínimo, seguía cubriendo de ardientes besos las adorables manos de su amada...

—¡Qué es esto!...—exclamó la aterrada doncella, sintiendo en sus espaldas el soplo de lo sobrenatural.

—No te asustes, ¡hija mía!—se apresuró a contestar Julián, un poco arrepentido de la broma—.

Ese poderoso resplandor no es la llama del infierno, sino la antorcha de la ciencia... Perdóname la sorpresa y no me guardes rencor, porque mi loca fantasía haya osado profanar el solemne momento de la efusión de nuestros corazones con una inocente fotografía a la luz del magnesio.

Y volviendo a estampar apasionado beso en los pálidos labios de Inés, que salía gradualmente de su enajenamiento, continuó:—¿No sabes que soy algo fotógrafo? Al aproximar a mis codiciosos labios tu hechicero rostro, encendido por la emoción, aparecías tan divina, tan radiante de pasión y de hermosura, que no he podido resistir a la tentación de copiar una escena de ternura y felicidad, que será, andando el tiempo, el embeleso de mi memoria y el consuelo de mi vejez. Si algún día llegara a penetrar en mi alma la ola fría del pesimismo, la contemplación de este retrato me serviría de confortativo moral y me reconciliaría con la humanidad y la vida.

—¡Dios mío, qué cosas tienes! Y lo peor es—añadió Inés con acento de indulgente ironía—que todavía debo agradecerte el susto. ¡Me parece tan delicadamente galante y espiritual tu capricho fotográfico!...

—Ven, hija mía—repuso Julián—, al gabinete rojo... Revelaremos el cliché... y conocerás el soberano placer de asistir a un verdadero acto de creación..., a la formación de un ser que se dibuja progresivamente en el caos de la gelatina, como debió surgir el primer hombre bajo el sublime *Fiax lux* del Creador.

Y cogiendo de la mano a la ya sosegada doncella, la condujo al gabinete rojo, donde dispusieron los baños necesarios para el desarrollo de la imagen.

Mientras nuestros simpáticos amantes desenvuelven la virginal película de bromuro argéntico (*honny soit qui mal y pense*), permítase al autor un paréntesis lírico-biológico.

(¡Oh, madre Naturaleza, creadora de la vida, a la que empujas, con la suavísima palanca del amor, hacia playas remotas y desconocidas! ¡Cuán calumniada eres! ¡Los que hacen profesión de admirarte y cifran su dicha en contar las innumerables estrellas que tachonan tu manto y en escrutar los misteriosos e invisibles hilos que entretejen tu cuerpo, no pueden menos de caer a tus plantas rendidos de férvido entusiasmo, anonadados por tu profunda sabiduría!... ¡Cuán ciegos e injustos son aquellos que, sin haber tendido una mirada al conjunto armónico de tu obra, te motejan de cruel, porque has puesto, al término de flaca y trémula ancianidad, el sueño de la muerte! No imaginan que, gracias a la fugacidad de la existencia individual, prosperan las especies, varían sus tipos y se promueve el progreso.

Siendo irrealizable quimera la beatitud absoluta—porque vivir es ansiar... apetecer algo que está fuera del sujeto, y resulta indispensable para la renovación de la materia y la forma—, fuiste tan piadosa que compensaste el hambre con la hartura, el dolor con el olvido y la muerte con el amor...

Seguro estoy de que si tu poder no fuera limitado, si la inercia de la materia y leyes cósmicas ineluctables no hubieran atajado tus píos designios, habrías otorgado generosamente a la vida el divino don de la inmortalidad. ¡Sin duda un hado infausto esterilizó tus paternales anhelos! Mas en justo desquite y para vengarte del adverso destino, nos concediste el amor..., perfume de la vida, garantía de la perdurabilidad de las especies, iris de paz y de concordia entre los hombres...

Mas como el amor, a despecho de tu infinita bondad, representa la delicada flor de un día, meteoro fugaz que fulgura un instante en el cénit de la forma y de la fuerza, tú has sabido hacer tolerable el resto de la vida, hermoseando la adolescencia con la dulce esperanza de amar y ennobleciendo la vejez con el recuerdo de haber amado...

¡Pobres egoístas! ¡Cuán triste suerte os aguarda! Estirpe caduca de un pasado sin porvenir, el destino os reserva absoluto aniquilamiento. ¡Condenados están vuestros despojos a errar perdurablemente, cual fragmentos de un astro extinguido, por las eternas tinieblas de la inconsciencia!

Desechemos, pues, sombríos pesimismos. Y amemos el amor, porque amar es persistir, vencer la tiranía del tiempo, salvar de la nada, con la porción imperecedera de nuestro ser, algo que no nos pertenece: la herencia sagrada de millones de vidas extinguidas, el gérmen fecundo de futuras y acaso mejores humanidades...

Acerquémonos, pues, a la amada como a un templo sagrado... y recibamos sus besos con el íntimo recogimiento y fervorosa unción con que elevamos a Dios nuestras plegarias... Consideremos que en los ojos de la mujer nos miran temblando las almas de los muertos...

¡Loor al amor que ennoblece y vivifica! ¡Hosanna a la pía Naturaleza que nos otorga, siquiera sea por un momento, el soberano don de crear y resucitar!)

Al día siguiente reinaba profunda emoción en Rivalta. Unas pescadoras que regresaban al pueblo muy de madrugada, de vuelta de la venta de sardina en Villaencumbrada y aldeas inmediatas, vieron, suspensas y asombradas, al pasar cerca de Villa-Inés, una llamarada terrible que inundó de fuego las habitaciones del palacio e iluminó con siniestros reflejos el mar, colinas y maizales. Simultáneamente, retumbó pavoroso trueno, y pareció esparcirse por la atmósfera punzante olor de azufre, el favorito aroma de los diablos...

Mudas de estupor las aldeanas, suspendieron su caminata, esperando sin duda que *Casa maldita*, sacudida por legiones de demonios, estallara en pedazos y a sus temerarios habitantes sepultara. Y el terror llegó al paroxismo cuando del torreón del palacio vieron salir una luz roja como la brasa, y divisaron minutos después dos ensabanadas fantasmas que, trasponiendo recatadamente la verja del jardín, se internaron a buen paso en los intrincados senderos del vecino castañar.

La noticia del espantable episodio corrió rápidamente por el pueblo, y fué durante un mes la comidilla obligada de comadres y desocupados. Hiciéronse los más encontrados y disparatados comentarios. Prevaleció, sin embargo, la opinión de que los días de Julián estaban contados, a menos que el imprudente mozo tuviera hecho pacto con el demonio..., que todo podía esperarse de la ambición desapoderada y de la ausencia de religión.

En casa de Inés la alarma y preocupación fueron muy hondas.

—¿Lo ves, hija mía?—decíale a Inés su candorosa y supersticiosa madre—. ¡Y tú que pensabas que la ciencia y la previsión de Julián habían conjurado el peligro! No; el señor cura tiene razón; en aquella funesta casa reina el ángel de las tinieblas, y todo el que la habite o tenga trato con sus inquilinos acabará de mala muerte.

Mas por esta vez las fúnebres leyendas de brujas y aparecidos no inquietaron en lo más mínimo a la hermosa doncella. Ella sabía bien a qué atenerse...

Pero, con ser general la preocupación, en ninguna parte se comentó con más calor y se discutió con más vehemencia el misterioso suceso que en la rebotica de Rivalta.

Formaban allí amena y pacífica tertulia casi todas las noches: D. José el cirujano, *Allan Kardec* el espiritista, Ramascón, viejo capitán de navío y distinguido naturalista, dos americanos ricachones, D. Timoteo el carlistón y algunos dueños de fábricas de pescado en conserva.

Referiremos puntualmente parte de la empeñada

polémica entablada por aquellos días entre *Allan Kardec*, D. Timoteo, D. José y Ramascón.

—*Allan Kardec* (así llamado por apodo, según costumbre asturiana): En verdad les digo que están ustedes muy atrasados de noticias en achaque de manifestaciones de los espíritus. Sepan ustedes que *Casa maldita* fué y es asilo favorito de una falange de espíritus antiguamente desencarnados, reforzada quizás por algunas almas pertenecientes a las personas en la quinta fallecidas... A las manifestaciones físicas de todos estos difuntos, entre quienes dominan sin duda sujetos de la más baja ralea moral, se deben los ruidos siniestros, las luces misteriosas, las apariciones de fantasmas y de sombras espectrales, que se disipan como vapor y atraviesan sin obstáculos paredes y techumbres...

—*D. José:* ¡Nada! ¡Que Villa-Inés es una sucursal del infierno, y que son con nosotros, a pesar de cinco siglos de civilización y de estupendos progresos, todos los terrores, preocupaciones y sombrías leyendas de la Edad Media! ¡Qué delirios!

—*Allan Kardec:* Yo le probaré a usted que la intervención de los espíritus constituye hecho real...

—*Ramascón* (con acento de zumba): ¡Por Dios, Allan, déjese de duendes y de cuentos tártaros!...

—*D. José:* Aun admitiendo la teoría espiritista, no se esclarecen suficientemente los fenómenos de Villa-Inés, puesto que para que pudieran realizarse haría falta un *medium* poderoso, excepcionalísimo. Ahora bien, ¿cuál es el *medium* permanente de Villa-Inés?

—*Allan Kardec:* La cosa es clara...; el *medium*

poderoso, aunque inconsciente, es el mismo Julián. A expensas de sus grandes energías nerviosas se nutren y materializan espíritus inferiores nostálgicos de los placeres de la carne, y ansiosos de comunicarse con los vivos.

—*D. José:* ¡Cuánto desvarío!... ¿Quién le ha dicho a usted que Julián es *medium?* Y aunque lo fuera sin saberlo, ¿para qué diablos habían de entretenerse los espíritus en golpear puertas, jugar a los fantasmas y hacer fuegos artificiales en casa de un hombre que ni cree en aparecidos, ni les ha de hacer nunca el menor caso?

Sin discutir el fondo de la doctrina espiritista, me dispensará usted le haga notar que cuantos fenómenos sorprendentes han acaecido en Villa-Inés, incluso los más recientes, se explican perfectamente por causas absolutamente naturales. Tengan ustedes por seguro, y esto lo sé por testimonio del propio Julián, que los fuegos fatuos de las pasadas noches, así como el temeroso ruido que tanto asustó a las pescadoras, no fué sino el efecto, visible a lo lejos, del relámpago magnésico, de que el dueño de Villa-Inés se sirve para tomar fotografías en el interior de su laboratorio... En cuanto a la siniestra llama roja del torreón, era la luz de la linterna usada habitualmente por los fotógrafos para alumbrar el cuarto obscuro durante la revelación de las placas...

—*D. Timoteo:* Con la venia de ustedes voy a echar mi cuarto a espadas en la discusión. En mi concepto, y sin prejuzgar el carácter de los hechos, resulta indiscutible que Villa-Inés ha sido teatro, al menos en otras épocas, de manifestaciones sobrenaturales.

Mas, con permiso de ustedes, declaro que ambas teorías, la física y la espiritista, se me antojan absurdas e inaceptables.

—*Ramascón:* ¿Se me permite una atrocidad?

—*D. José:* Dígala sin empacho, que siendo de usted, nadie la echará a mala parte.

—*Ramascón:* Bueno...; pues iba a decir que si las almas desencarnadas conservan las ignorancias, pasiones y defectos propios de los vivos, el más lerdo deducirá que los autores de ruidos, comunicaciones escritas y orales, fenómenos de posesión, etc., no son otros que los mismos *mediums* alucinados y autosugestionados. Paréceme que a los espiritistas les pasa lo que a esos perros que se ponen a ladrar delante de un espejo, sin caer en la cuenta de que se ladran a sí mismos!...

—*Allan Kardec:* ¡Qué cosas tiene usted!...

—*D. José:* El Universo, a pesar de las grandiosas conquistas de la astronomía, de la geología, de la química y de la biología, continúa siendo un enigma impenetrable. Y mientras el tenebroso arcano no se esclarezca; mientras la biología, ciencia de las ciencias, iluminando el obscuro problema de la herencia y evolución del protoplasma, no descarte de la raza humana la deformidad, la debilidad y la degeneración; mientras la psicología y la fisiología experimentales no acierten a dirigir las tendencias instintivas, poniendo freno a deseos irrealizables, apagando malsanos misticismos, creando, en fin, amor y resignación a la muerte, las religiones positivas subsistirán.

—*Ramascón:* ¡Buen paladín del progreso está usted! ¡Según eso debemos cruzarnos de brazos...; dejar que la ola negra del fanatismo ahogue la razón y arrolle la ciencia...

—*D. José* (con aire reposado y tranquilo): ¡Ramascón!... ¡A la legua se conoce al viejo marino!... ¡Lleva usted en el alma la bravura y la inexorabilidad del mar! Pero el navío de la fe es todavía demasiado fuerte y está bien gobernado...

—*D. Timoteo:* La nave de la fe podrá ser combatida por los vientos contrarios, agitada por el oleaje de la impiedad y de la herejía, pero al fin arribará gloriosamente y sin averías al ansiado puerto. Dios nos ha anunciado en el Apocalipsis: "llegarán tiempos en que la tierra será un solo rebaño y tendrá un solo pastor". La Iglesia es imperecedera porque es la obra de Dios, y contra la voluntad divina se estrellarán siempre la maldad de los hombres y las malas artes del demonio.

—*D. José:* Y sin embargo, a pesar de tan consoladoras profecías, la religión se debilita. La matará la experiencia individual de los hombres, mil veces más demoledora que los libros científicos. La destruirá sobre todo esa desdeñada biología que, a la chita callando y sin vociferaciones sectarias, ha suprimido el demonio, convertido los milagros en alucinaciones, descubierto la neurosis de la santidad y del misticismo, y está en camino, cuando acabe de roturar las ignotas tierras cerebrales, de fijar todas las condiciones físico-químicas de la emoción y del pensamiento, del ensueño y del error, del sentimiento antropomórfico y del incurable espejismo de lo absoluto.

Pero no hablemos del porvenir y atengámonos al presente. Y la obra actual debe ser labor de ilustración y tolerancia. El que todo lo comprende, todo lo perdona, ha dicho, creo que Víctor Hugo. Comprendamos, pues, para perdonar, y perdonemos para amar...

—*El Boticario:* ¡Señores!... Es ya tarde... y hemos disparatado bastante. Retirémonos...

Al siguiente día volvieron, como si tal cosa, el médico a sus enfermos, el espiritista a sus besugos (era fabricante de conservas), Ramascón a sus algas e infusorios, y D. Timoteo a sus pleitos. Y nadie se acordó de sus odios, ni volvió a preocuparse de la existencia del alma, Dios sabe en cuánto tiempo.

Desgraciadamente para la causa de la verdad, el *homo sapiens* sólo filosofa a ratos perdidos. Demasiado bajo todavía en la escala de la intelectualidad, y harto dominado por los reflejismos del estómago, en su cerebro el pensamiento es ave de paso, huésped molesto que viene a interrumpir el trabajoso acarreo del interés o de la codicia.

Así transcurrieron algunos años más.

Poco a poco las preocupaciones y recelos de las gentes con relación a Villa-Inés fueron disipándose. La realidad se impuso. Hasta aquellas personas cuya ignorancia y prejuicios les impedían ver claro, comenzaron a dudar de los fúnebres horóscopos, al contemplar a Julián cada día más fuerte, animoso y emprendedor y rodeado de un enjambre bullidor de criados, pastores y jornaleros.

La prosperidad de nuestro protagonista iba en aumento, como si sobre sus fincas hubiera caído la bendición del cielo. De año en año ensanchábanse los trojes para contener las crecientes cosechas, y los corrales y majadas para albergar los prolíficos rebaños. Medíanse el maíz, el centeno, el trigo y las habichuelas por miles de fanegas. En los prados, era un gozo ver triscar centenares de tiernos recentales y corretear bulliciosamente potros y terneras. Durante el buen tiempo, la vieja sidrería, llena de anchurosos toneles, así como la próxima planicie reservada, según añeja costumbre de la tierra, al juego de los bolos, eran el punto de cita de todos los bebedores de la comarca. Ellos fueron los primeros que tomaron a broma los fatídicos augurios, no acertando a creer que el diablo hiciera de las suyas en una heredad que criaba la mejor sidra del país.

El fruto de las enseñanzas de Julián no tardó en trascender de los límites de su hacienda. En vista de los brillantes resultados logrados por éste en materia de saneamiento y de industria pecuaria, aquella parte más avisada y culta de la población aldeana juntó su modesto capital y aunó sus esfuerzos, para encauzar y purificar aguas potables, montar aceñas y molinos eléctricos, higienizar marismas y combatir epizootias y enfermedades de las plantas.

Para cuyas regeneradoras campañas, Julián, apóstol abnegado de la ciencia, ofrecía generosamente su consejo y daba toda suerte de facilidades. Sus enseñanzas eran teórico-prácticas. Comenzaba por resumir del modo más llano, claro y gráfico posible, el estado de la cuestión científica, y llevaba después a los discípulos—rústicos lugareños en su mayoría—al laboratorio, donde les enseñaba el funcionamiento y manipulación de los aparatos higiénicos, les revelaba al microscopio los terribles parásitos del hombre, ganados y plantas, y les mostraba prácticamente los medios de reconocer, cultivar, destruir y prevenir gérmenes morbosos tan funestos.

Hermosos frutos de tan alto civismo fueron la salud y la prosperidad de toda la comarca. Desaparecieron del país la fiebre tifoidea, el paludismo, la bacera del ganado, así como la glosopeda, el mal rojo de los cerdos, etc. Allí donde la campaña de saneamiento no alcanzaba, llegaban los salvadores sueros y vacunas fabricados en Villa-Inés y vendidos por Julián a precios irrisorios. Para cuyos complicados y delicados menesteres educó y pensionó a dos jóvenes médicos aventajados, que se pusieron al frente del laboratorio bacteriológico y seroterápico.

En fin, y para colmo de felicidad y buena fortuna, aquel torrente de rocoso y profundo cauce, que según la leyenda popular aparecía tinto en sangre durante las tormentas, puso a Julián sobre la pista de riquísimo criadero de mineral ferruginoso. Analizadas las tierras metalíferas y practicadas diversas calicatas, que revelaron la inagotable abundancia de los yacimientos, formóse una Sociedad explotadora de las minas. Ocioso es decir que nuestro héroe, principal propietario de las pertenencias, fué nombrado director y gerente, con amplios poderes.

Al principio, para no comprometer demasiado capital, montáronse, movidos por el agua de la antigua azuda (que se reforzó y convirtió en elevada y potente presa) lavaderos de mineral y máquinas trituradoras; y tiempos después, cuando el capital social alcanzó cifra respetable, instaláronse altos hornos y talleres anejos de construcción de maquinaria.

Aquellos campos, antes solitarios y envenenados por el hálito de la muerte, cubriéronse rápidamente de una colonia numerosa y activa de ingenieros, contramaestres y obreros, pueblo feliz que miraba a su glorioso fundador como a una segunda Providencia.

A los cinco o seis años de explotación, el capital de Julián pasaba de cinco millones de pesetas, sin contar el valor de las tierras, bosques, sembrados, ganados y fábricas. Y antes de tocar las fronteras de la vejez, vino a ser el animoso doctor, no sólo la firma más prestigiosa del mundo financiero, sino el señor indiscutible del país, el tirano paternal y piadoso, *el cacique científico y patriota que tanta falta está haciendo a nuestros ignorantes, fanáticos y desvalidos lugareños.*

Qué fué de don Tomás y de la tierna Inés?—preguntará el lector, extrañando sin duda nuestro silencio sobre la simpática e interesante protagonista de esta verídica historia.

Fácil es adivinarlo. En cuanto Julián, pasado el Calvario de los primeros tres años, consiguió a fuerza de laboriosidad e inteligencia poner en explotación la vasta hacienda de Villa-Inés, y tan luego como los primeros espléndidos rendimientos prometieron a su dueño seguridades y bienandanzas para el porvenir, los sentimientos del mayorazgo D. Tomás hacia su sobrino cambiaron radicalmente. Rindiéndose a la evidencia, reconoció de buen grado en el restaurador de Villa-Inés voluntad firmísima, talento esclarecido y honradez y laboriosidad acrisoladas.

Tales prendas, unidas a la buena fortuna, bien merecían que se olvidasen sus pujos revolucionarios y su desaprensión dogmática; convicciones platónicas e inofensivas, después de todo, pues Julián, respetuoso con las ideas de los demás, jamás alardeó de propagandista ni aspiró a ser jefe de secta.

Por otra parte, D. Tomás, en calidad de padre amantísimo, no podía desconocer que la pasión de su hija, lejos de remitir, iba en aumento. Ni se le ocultaban, dado el tesón y entereza de la doncella, los graves disgustos que podían seguirse, contrariando sin motivo suficiente un afecto profundo, nacido en la niñez, arraigado en la adolescencia y fortalecido y acrisolado en la desgracia...

Y así, después de meditar largamente y de consultar el caso con la familia, cierto día presentóse el mayorazgo en Villa-Inés, donde causó la gratísima sorpresa que es de suponer: abrazó afectuosamente a su sobrino, a quien pidió mil perdones por las pasadas injusticias... y quedó concertada la boda.

En la naturaleza humana, la felicidad, como la desgracia, representan accidentes imprevistos, eminentemente revolucionarios, para los cuales no está

65

ajustado el diapasón del sentimiento, ni acordado el perezoso ritmo del corazón.

De tamaña y triste verdad fué buen testimonio Julián, cuya profunda alegría, robándole el sueño, quitándole el apetito, provocando en su cerebro efervescencias ideales rayanas en el delirio, estuvo a punto de terminar en las decadencias y postraciones de la neurastenia. En lo cual tuvo no poca responsabilidad la picarilla de Inés. Porque en las amorosas pláticas con su novio, se mostró tan risueña, tan afectuosa y apasionada, tan divinamente cautivadora y codiciable, que el pobre Julián se vió obligado a recurrir, a fin de calmar un poco sus sobresaltados nervios, al tan acreditado bromuro de potasio!...

Pasado el hervor sentimental de las primeras semanas; agotado el depósito de las dulces ternezas; tornado el corazón, tras larga algarada de palpitaciones y aritmias, al reposado compás de la salud, Inés y Julián pudieron ya, con el sosiego y atención indispensables, preparar las briznas, plumas y algodones del confortable y caliente nido de amor, y escoger al propio tiempo las frondosas ramas y hermosas flores que habían de darle grata sombra, protección y fragancia.

Y se casaron...; y fueron felices...; y tuvieron bellos, fuertes e inteligentes hijos...; y llegó la tierna pareja a la ancianidad sin que, durante tan largo camino, sufrieran eclipses su dulce y leal afecto, ni su serena alegría..., esa alegría que es inagotable manantial de fuerza y de salud.

Y cuando Julián, decrépito y solitario ya, desaparecida la admirable compañera a quien debía toda la dicha posible en este bajo mundo, diseminados y casados sus hijos, sentía estremecido el corazón por una ráfaga de frío escepticismo y el alma bañada por la onda enervadora de la melancolía...; entonces abría el álbum donde conservaba, cual preciosa reliquia, la confortadora escena de la visita nocturna..., aquel tiernísimo y consolador episodio en que Inés, henchida de unción amorosa, arrebatadora de emoción y de hermosura, la frente pálida como el rayo de luna y los ojos lánguidos y desfallecientes, condensó en la purísima esencia de un beso toda la formidable carga de pasión acumulada desde la adolescencia... Y a la vista de tan sublime cuadro, sentía disiparse rápidamente las lágrimas de los ojos y las nieblas de la mente. Y exclamaba:

—¡Sí, la vida es buena y la felicidad existe..., sólo que... duran tan poco!

...a
secreto
agravio...

EL doctor Max v. Forschung, profesor ordinario de la Universidad de Wurzburgo, *Gemeinrath,* miembro de la *Phys. und Gessellschaft,* afortunado autor de brillantes descubrimientos fisiológicos y bacteriológicos, vivía todo lo feliz que pueden vivir los sabios a quienes desvelan y desasosiegan la fiebre devoradora de la investigación y el afán de emular gloriosas reputaciones. Cincuenta años tenía, y era alto, enjuto, pelirrojo, con ojos verdes llenos de bondad, labios delgados que expresaban la ironía, y palabra sencilla y precisa, como acostumbrada a traducir la verdad sin velos ni retóricos artificios. Visto de perfil mostraba una de esas cabezas prolongadas en forma de martillo, que parecen expresamente fabricadas para golpear obstinadamente en los hechos hasta arrancarles chispas de luz. Ligeramente agobiado de espaldas y flaco de brazos y piernas, semejaba a la cepa en invierno; como ella, ofrecía exterior seco y desapacible, y producía, llegado el calor del pensamiento, frutos bellos y sabrosos. En fin, nuestro sabio, sin ser deforme y antipático, era lo bastante desgarbado y vulgar para no hacer del amor, cual la mayoría de los hombres, la perenne preocupación de la vida.

Hallábase a la sazón Forschung en plena fecundidad científica. Cada seis meses descubría un microbio patógeno, y cuando por excepción no hallaba nada nuevo, sabía demostrar *ce* por *be* que los microbios descritos por los bacteriólogos rivales eran miserables bacilos descalificados o embolados, incapaces por ende de virtud patógena en el hombre y en los animales. Ya se comprenderá que semejante aseveración no agradaba a los adversarios del maestro, que hubieran preferido topar con gérmenes morbosos capaces de llevar la desolación a media humanidad.

Durante medio siglo, Forschung permaneció célibe, porque no tuvo tiempo de enamorar a las mujeres ni entró en sus cálculos complicar la vida con el cuidado de hijos y esposa. Y, sin duda, habría continuado indefinidamente soltero, y probablemente dichoso, si el pícaro Cupido, intrigando a hurtadillas de Minerva, no le hubiera inoculado la terrible toxina del amor.

Miss Emma Sanderson, americana, con veinticuatro años, lozana, rubia y apetecible, y por añadidura doctora en Filosofía y Medicina por la Universidad de Berlín, fué la encargada por el destino de despertar en el candoroso sabio los impulsos un tanto adormilados de la conservación de la especie.

Disculpemos al enamorado cincuentón; en su lugar, ¿quién no habría hecho lo mismo? ¡Al promediar de la vida se ponen tan fríos los laboratorios y tan egoístas los amigos! Además mediaban circunstancias atenuantes; porque la citada Emma, aparte de ser huérfana (lo que no me negarán ser excelente condición), y poseer una belleza sana, arrebatadora y coruscante, tuvo el capricho, verdaderamente diabólico, de constituirse en ayudante privado del profesor, quizás con el propósito—esto se decía al menos—de estudiar y dominar los preciosos métodos de investigación de Forschung y exportarlos después a la libre América sajona. ¿Qué había de suceder? Forschung deseó ardientemente conocer un nuevo terreno de cultivo del cual no tenía sino vagas y muy atrasadas noticias. Por su parte, Emma acabó por persuadirse de que no era mal negocio llegar a ser la esposa de un príncipe de la ciencia, de un *Gemeinrath,* que ganaba cincuenta mil marcos anuales y usaba además el aristocrático *von* delante de un nombre gloriosísimo...; y así, dejando a un lado preámbulos y gazmoñerías, aceptó la mano del sabio.

Seamos imparciales. Confesemos hidalgamente que la gallarda americana distaba mucho de ser una ambiciosilla vulgar. Durante dos años de cotidiana convivencia científica, de íntima comunión espiritual, Emma se prendó o creyó prendarse del prestigioso maestro. La gloria fascina a los espíritus esclarecidos y cultivados, y la simpática doctora, que había perfumado con su belleza estufas y autoclavos, microscopios y matraces, acabó por tomar cariño a aquel edén microbiano, donde tantas veces había sonado el excelso *fiax lux* de la creación científica.

Es preciso reconocer—y lo decimos con envidia— que el protagonista de esta historia logró una dicha rara vez otorgada por la fortuna. ¡Gran ventura juntar en un solo cuerpo esposa y ayudante; confidente del espíritu y de los sentidos; consejero sagaz, capaz de comprender las zozobras del alma (en esas horas de angustia en que el microscopio parece tenebroso pozo y la estufa caja de Pandora), y ejecutor fiel y rapidísimo de las intuiciones experimentales! Pero no nos distraigamos.

Una vez casados, se guardaron mucho los novios de incurrir—dicho sea en su descargo—en la horrible cursilería de pasar la luna de miel en París o Suiza, como cualquier matrimonio burgués de tres al cuarto, o el *commis voyageur,* que aprovecha para el viaje de novios el billete a *moitié prix;* antes bien decidieron utilizar el ardoroso entusiasmo de los primeros meses para realizar una científica, fecunda e interesante exploración. Y así, pertrechados de los instrumentos de trabajo, recorrieron Grecia y Egipto, la Siria y la Persia, teniendo la suerte de hallar y cultivar juntos varios microbios virulentos, entre otros, cierto bacilo inédito, responsable de graves dermatosis de los indolentes pueblos orientales.

Repatriados que fueron, prosiguieron con más ahinco y fervor, si cabe sus investigaciones sobre la biología del nuevo parásito, descubrieron un suero eficaz contra sus efectos, y publicaron, en fin, una extensa y luminosa Memoria, ilustrada con espléndidas cromolitografías, en los *Zeitschrift für Hygiene und Bakteriologie.*

Casi al mismo tiempo de aparecer tan interesante

comunicación, la gallarda y animosa colaboradora daba a luz otro microbio, es decir, un niño robusto y hermoso, como incubado al fin por el ardiente sol de Palestina... No hay que decir que el retoño recibió el nombre de Max, y el microbio el de *bacillus Sandersonni,* en honor de la simpática compañera.

Había llegado el doctor Forschung al cenit de sus aspiraciones. Cuatro cosas había que llevaban su nombre: un microbio patógeno (no confundirlo con el recién descubierto), un hijo, una mujer guapa y una calle de la ciudad nueva, la elegante *Forschunstrasse,* plantada de copudos tilos, como la tan conocida *Unter der Linden,* de Berlín.

¿Qué podía pedir más? ¿Tener envidiosos? Los tenía a docenas. ¿Adversarios encarnizados? No carecía de ellos. Nada faltaba a su gloria... más que la desgracia. Y el bondadoso sabio la llegó a conocer... Sí; sufrió desengaños amorosos como el vulgar y prosaico filisteo a quien abandona la histérica y no comprendida esposa; llegó a rugir de celos y desesperación, al par de cadete primerizo en amores... Pero no anticipemos los sucesos, ni alteremos el orden de la narración.

Tres años después de la expedición a Oriente cayó el sabio en gran abatimiento. Polémicas científicas no exentas de acrimonia y de personalismos, entabladas con insolentes contradictores, que no podían perdonarle el haber relegado sus adocenadas figuras a segundo término; profundas meditaciones y porfiados experimentos para reconquistar la embriagadora actualidad, habían minado su salud y agriado su carácter. La fiebre devoradora de la nueva verdad;

el afán de sorprender el hecho decisivo, salvador para su teoría, aplastante para los adversarios, llegó a convertirse en una obsesión angustiosa. Ante ella, ¿qué significaban los demás sentimientos? Y según suele acontecer, la hoguera del entendimiento restó combustible a las ofrendas del amor.

Es preciso reconocer que, a los cincuenta y tres años, con una mujer joven y bonita, el culto excesivo de la ciencia es un tanto peligroso... Bien a su costa aprendió Forschung esta triste verdad. Pero relatemos ordenadamente los hechos.

Comenzó nuestro sabio por notar que el ambiente afectivo del hogar había cambiado para él. Y es que ante la indiferencia del doctor, Emma había reaccionado a su modo. A las impetuosas fugas del sentimiento sucedieron una frialdad y una reserva que inquietaron profundamente al sabio. Cierta conjetura inquietante, débil e indecisa al principio, más acentuada y colorida después, vigorosa y torturante al fin, aparecía y desaparecía en su mente, sacudiendo dolorosamente las fibras más íntimas de su ser.

En vano trataba de descartarla; sus esfuerzos sólo servían para que la vana sombra acusara sus contornos, se cuajara en carne y adquiriera vibrante realidad. Al fin, como si la fantasía y la razón hubiesen terminado su labor creadora, y la voluntad, domada ya, se hubiera adaptado enteramente a la desconsoladora visión, exclamó lleno de amargura:

"¡Es indudable! Por el alma de mi mujer ha pasado un hombre... y ese hombre no puede ser otro que Mosser, mi atolondrado y enamoradizo ayudante..."

El doctor Heinreich Mosser, *privat docent* de la Universidad y preparador del profesor Forschung, era el acabado tipo meridional, tan admirado por las pálidas y pudibundas hijas del Norte. De bizarro continente y regular estatura, lucía color moreno mate, nariz aguileña y ojos negros, grandes, incendiarios, fascinadores, con atracciones de abismo y provocaciones de don Juan irresistible. Toda su morena y arrogante figura parecía formada expresamente para realzar, con un fondo de sombra y de misterio, los nítidos y rosáceos fulgores de la rubia carne sajona. Para acabar el retrato, mencionaremos su cabellera negrísima y rizada, excelente marco decorativo de impecable busto, y una barba puntiaguda, acicalada y en bucles, que daba a su fisonomía un no sé qué de hierático y augusto; ese aspecto de las testas orgullosas, correctas y solemnes de los soberanos de Asiria, tal como aparecen en los bajorelieves de Nínive. Sin duda por esto sus amigos de *brasserie* apodaban a Mosser el *terrible Assourbanipal*.

Quizás el tiempo, que todo lo gasta, y las preocupaciones científicas, que son el mejor derivativo de las almas atribuladas, hubieran acabado por borrar del ánimo de Forschung la inquietante conjetura, si la Providencia, que gusta disfrazarse de casualidad, no hubiera hecho surgir al infame delator... ¿Quién fué éste? En un Laboratorio, ¿quién podría ser sino el *terrible microscopio?*

Un día, trabajando aislado en su Laboratorio, vió

el doctor, lleno de asombro, sobre el cristal opalino que le servía de fondo para dar resalte a las preparaciones, dos cabellos largos: lacio y rubio el uno, ensortijado y negro el otro, y enlazados en íntimo y redoblado abrazo...

Claro es que el hecho en sí no tenía nada de particular. Aquel Laboratorio era visitado diariamente por multitud de estudiantes adornados de cabelleras de muchos colores. Lo sorprendente, lo desconcertante para el pobre Forschung, fué que el cabello negro, visto al microscopio, coincidía exactamente en dimensión, color y longitud con el del ayudante Mosser; mientras que el cabello rubio correspondía enteramente a las áureas y espléndidas hebras de la crencha de Emma. Si cupiera alguna duda sobre la procedencia de los citados filamentos, la habría disipado el resultado del análisis microquímico: en el obscuro mostráronse algunas minúsculas gotas de esencia de bergamota, afeite favorito de Mosser; y en el rubio viéronse restos de esencia de orégano, perfume preferido por Emma. Ambas esencias se hallaban en el Laboratorio, donde según es notorio se emplean para aclarar los cortes histológicos.

Pero lo que sacaba de tino al desdichado sabio era la postura acusadora, la íntima trabazón de las dos hebras. ¡Amargas y abrumadoras suposiciones iban y venían por la mente de Forschung, estremeciéndole con sacudidas trágicas! ¡Ya no era posible vacilar! Aquellos abrazos y serpenteos de dos órganos microscópicos eran algo más que un símbolo; representaban en realidad la imagen fiel de otros abrazos y serpenteos macroscópicos, que el doctor no podía imaginar sin sentir al propio tiempo el corazón arrebatado por la ira.

—¡Santo Dios!—se decía el bueno de Forschung, calmados un tanto sus agitados nervios—. ¿A qué grado de intimidad y de criminal abandono habrán llegado las cabezas y cuerpos de los desleales para que sus cabellos se hayan entrelazado de tan inextricable manera?

Y adoptando una expresión fisionómica entre amarga e irónica, en la cual había un destello de la pasión inquisitiva del sabio, añadió: —He aquí un obscuro problema psico-fisiológico que debo resolver sin pérdida de momento. Lo exige mi honra ultrajada; lo pide también la prosecución de mi obra científica, cuya paralización colma de satisfacción a mis injustos adversarios... Todo es preferible a vivir en densas tinieblas... todo, incluso el desencanto del amor y de la fidelidad. Y me vengaré secretamente, evitando el escándalo y las burlas del mundo..., por procedimientos científicos originales, que ignorarán hasta las mismas víctimas...

Como se ve, aun en medio de los arranques de la indignación, el investigador se sobreponía al marido. La idea de caer en la vulgaridad, vengando el ultraje al honor conyugal según la fórmula muscular del hombre de la edad de piedra, es decir, apelando a reacciones motrices violentas compartidas con toda la animalidad, lastimaba infinitamente su amor propio.

Y es que el sabio posee mentalidad eminentemente aristocrática. ¡Los que le conocen, únicamente por sus obras, creen—inocentes—que trabaja para la humanidad! ¡No tal; labora para su orgullo! El investigador ama el progreso... hecho por él. Cuando la Prensa da cuenta de la aparición de una verdad nueva, triunfadora de la distancia, del dolor o de la muerte, el mundo se postra ante el genio, entonando clamorosos hosannas. Sólo los hombres de laboratorio aplauden fríamente, con sordina... cuidando de disminuir el interés o la originalidad de la invención, cuando no guardan—que también ocurre—sepulcral silencio. Y, sin embargo, si prescindimos del resorte íntimo egoísta que mueve la inteligencia investigadora y consideramos exclusivamente los efectos sociales de cada descubrimiento, la pretensión altruista del sabio se confirma; sus inventos benefician positivamente a la humanidad. Disípase esta aparente contradicción recordando que, en ciencia como en amor, el protagonista es engañado por la Naturaleza. En virtud de una ilusión irremediable, el sabio y el amante creen, tocante a sus respectivas funciones, trabajar, *pro domo sua,* cuando en realidad no hacen sino obrar en provecho y gloria de la especie.

Pero apartando embarazosas digresiones, reanudemos el hilo de la narración. Habíamos quedado en que el atribulado Forschung sospechaba de la lealtad de su esposa, y que trastornado por su calenturienta imaginación (al fin imaginación de sabio), daba como reales las más livianas y criminales complacencias. Y con todo eso, fuerza es confesar que el celoso marido poseía tan sólo barruntos, vislumbres... no demostración perentoria de la deshonestidad de Emma. El mismo vino al fin a reconocerlo, conviniendo en que, antes de ejecutar la terrible venganza premeditada, era de todo punto necesario convertir los vagos indicios en pruebas flagrantes y acusadoras.

Por desgracia, nuevas exploraciones minuciosas de los muebles del Laboratorio aportaron datos de gran importancia.

Cierto día, examinando con una lente la *chaise longue* de la biblioteca aneja al Laboratorio, aparecieron nuevas parejas de acusadores cabellos y otras señales harto significativas, esto es: hilos de seda de la blusa de Emma en íntimo consorcio con briznas de lana procedentes del terno gris del ayudante. A mayor abundamiento, mostrábanse en el mullido de la meridiana depresiones y moldeamientos, reveladores de que el fatigado mueble había crujido al compás de los más fogosos ímpetus de la pasión contenida.

Ansiando saber toda la verdad, decidió nuestro sabio no cejar en sus pesquisas, pero realizándolas sin despertar sospechas en los venturosos amantes; los cuales, a guisa de microbios cultivados en cámara húmeda, nadaban y se refocilaban lindamente, bien ajenos de presumir eran blanco de obstinada observación.

Al efecto, dispuso bajo las patas del consabido mueble, y disimulados por la alfombra, cuatro receptores Marey, unidos, mediante tubos de caucho, a un aparato registrador instalado en el interior de un armario. El mecanismo, movido eléctricamente, estaba de tal suerte arreglado, que sólo podía entrar en función en el acto de gravitar sobre el diván dos personas cuyo peso total excediera de nueve arrobas. Y dispuestas así las cosas, esperó tranquilo, como cazador en tollo, a que los tórtolos se pusieran a tiro, y se denunciaran, personal e inconscientemente, en las gráficas del aparato.

Transcurrieron algunos días; el papel ahumado continuaba incólume. Mas ¡ay! cierta noche, de regreso Forschung de la Real Academia de Ciencias físico-naturales, en donde leyó extensa comunicación, advirtió con el estupor consiguiente que dos personas habían descansado sobre el mueble... mejor dicho, que no se limitaron modestamente a descansar...! Alelado, contemplaba el bendito señor la larguísima gráfica, elocuente y categórica como un documento científico, la cual acusaba a los traidores, no con vagas generalidades, sino marcando con feroz complacencia las fases todas del repugnante delito.

¡Ya no cabía duda! ¡Su ingrata esposa, la que se decía enamorada del sabio, la que había jurado consagrarse de por vida a cuidar de la preciosa existencia del glorioso investigador, había olvidado su decoro y manchado el inmaculado honor del príncipe de la ciencia! ¡Ah! ¡Tamaño ultraje pedía venganza... y venganza terrible!

Por la época en que se desarrollaron los sucesos referidos debatíase calurosamente en los Congresos médicos y Academias científicas si la tuberculosis era o no transmisible de los animales al hombre; cuestión importante, porque de su definitiva solución dependía la legitimidad o improcedencia de ciertas medidas profilácticas. Divididos estaban los pareceres. Ciertos sabios, a cuya cabeza se puso el ilustre Koch, se declararon *pluralistas,* y afirmaban que el bacilo tuberculoso humano es incapaz de transmitirse a ciertos mamíferos, singularmente a la vaca. Los otros bacteriólogos, entre los cuales se contaba Forschung, sostenían con igual tesón que el microbio de la tuberculosis del buey, del conejo, en fin, de la mayoría de los animales domésticos, era susceptible, exaltada artificialmente su virulencia, de provocar constantemente en la especie humana una tisis genuina.

En pro de sus respectivas tesis alegaron ambas escuelas, luminosas y al parecer irrebatibles experiencias; pero el problema permanecía en pie, porque nadie contaba en su favor con el único experimento decisivo, a saber: la producción experimental de tuberculosis humana inoculando microbios tomados de los demás animales. Naturalmente, respetables sentimientos de humanidad y de moral científica vedaban la ejecución de tan radical y temerario experimento.

Adivinará, sin duda, el lector, después de lo expuesto, cuáles eran las intenciones del rencoroso Forschung: convertir en conejos, en *anima vili*, a los atolondrados amantes. Pero la astucia del doctor imaginó la experiencia de suerte que, sin perjuicio de su alcance científico, constituyera una prueba acusadora e irrefragable de la culpabilidad de los adúlteros. He aquí de qué ingeniosa manera puso en práctica su maquiavélico plan.

Las más de las tardes, terminado el trabajo experimental, Mosser, el ayudante, pegaba y rotulaba las etiquetas de las preparaciones y tubos de ensayo, faena que, a fin de evitar confusiones, con nadie compartía. Ahora bien; una noche recogió el profesor todas las etiquetas no utilizadas y se entretuvo en cubrir mañosamente el lado engomado con cierta solución de gelatina salpicada de finísima picadura de cristal y de gérmenes muy virulentos de la tuberculosis de la vaca... y esperó, con la cachaza del pescador de caña, el resultado del terrible experimento.

Los efectos no se hicieron aguardar... A los veinte días de puesto el cebo, tuvo Forschung la *viva satisfacción* (como hombre de ciencia, naturalmente) de sorprender, en los labios y punta de la lengua de Mosser, unas pequeñas pápulas de aspecto de tubérculo incipiente, a las que el infeliz ayudante, engañado por la exigüidad e indolencia de la lesión, no prestó ningún cuidado. En el atolondramiento producido por la alegría de haber conquistado importante verdad científica—la transmisión al hombre de la tuberculosis bovina—, tentado estuvo Forschung de examinar microscópicamente el nódulo inflamatorio, para ver si se presentaba el bacilo de Koch; pero comprendiendo cuán imprudente hubiera sido semejante exámen, renunció a él, limitándose a su papel de observador meramente clínico. Y para que nuevas fortuitas inoculaciones no vinieran a complicar el resultado y a poner quizás sobre aviso al descuidado mancebo, destruyó todas las etiquetas contaminadas, sustituyéndolas por otras inofensivas.

Transcurrieron veinte días de mortal ansiedad, durante los cuales Forschung exploraba diaria y disimuladamente los labios y boca de su mujer. Comenzaba ya a arrepentirse de la mala obra hecha a su ayudante, cuando una mañana divisó en la comisura labial de Emma una pupa dolorosa, que resultó ser, analizada en secreto por el doctor, un genuino y característico tubérculo. Para colmo de evidencia, el método de coloración de Ziehl-Nellsen denunció la presencia de numerosos ejemplares del microbio tisiógeno de Koch.

¡La incógnita se había despejado enteramente! Fácil era reconstruir ahora los hechos experimentales. El gérmen había prendido primeramente en los labios de Mosser, desde los cuales, emigrando en alas de un beso, o, lo que es más probable, en las de una ruidosa e inacabable sarta de besos pecaminosos, pasó a la dulce y sabrosa boca de Emma.

Resulta, pues, que el doctor Forschung alcanzó un éxito admirable como sabio; pero como marido... De todos modos, quedaba terriblemente vengado, y además había prestado a la bacteriología inolvidable servicio. Justificando previsiones teóricas, él aportó antes que nadie la prueba decisiva de la transmisibilidad de la tuberculosis de los animales al hombre. Las revistas higiénicas y médicas iban a hablar con encomio de sus nuevas contribuciones científicas; sus adversarios, los pluralistas, recibirían dura lección. Un triunfo más se añadiría a la inacabable serie de sus títulos, méritos, servicios y descubrimientos...

A la verdad, el recuerdo del ultraje hecho a su honor conyugal no le dejaba dormir. No amaba ya... al menos eso creía él. Indiferente a los hechizos de la hermosura, sacrificaba ahora exclusivamente en el augusto altar de la ciencia. Había resuelto, además, apartarse definitivamente del ídolo, antes tan bello y adorable, y ahora afeado por la enfermedad... Y con todo eso—repetimos—no era feliz...

¿Por qué? Difícil es explicarlo. Pues la infamia no existe, no puede existir, cuando, según ocurría en el presente caso, la deshonra y el castigo se substraen al escándalo del mundo...

¡Ah, es que el sabio continuaba siendo hombre! En la conciencia como en el cielo continúan brillando astros ha tiempo extinguidos; en otros términos, perduran consecuencias de causas morales descartadas por la razón. En virtud de este mecanismo psicológico, se explica un fenómeno afectivo singular: el que Forschung sintiera vivamente lo cómico y grotesco de su figura, como si, por desdoblamiento de su ser, parte de su personalidad se hubiera convertido en espectador, y contemplara socarronamente a la otra, clavada en la picota del ridículo.

Y, en todo caso, aun dando por supuesto que la

escéptica filosofía del doctor le hubiera vacunado contra los efectos del "qué dirán", siempre le habrían quedado abiertas y sangrando dos heridas dolorosas: el enojo del amor propio ofendido; la desilusión de la soñada felicidad.

Tres meses después del anterior suceso, vegetaba el sabio en la mayor soledad y recogimiento. En su odio a la familia humana se había separado hasta de su inocente hijo el pequeño Max, a quien educaba una hermana del doctor, la señora Anna Forschung, casada con un profesor de Filosofía. En cuanto a Emma y Mosser, habían sido llevados, por consejo de los facultativos y con aprobación de Forschung, a un célebre Sanatorio de tuberculosos del Tirol.

Allí, a la vista de las nieves eternas, y bajo un cielo espléndidamente azul en verano, languidecían los amantes, progresivamente extenuados por la fiebre, el insomnio y los sudores. A pesar de lo cual, se sentían relativamente dichosos. Al fin, moraban bajo el mismo techo, aunque en departamentos diferentes; y los días en que podían abandonar el cuarto y salir al corredor o a la galería, hallaban, con el consuelo de verse, la dulce satisfacción de comunicarse sus penas y reconfortar sus corazones.

La juventud doliente es optimista: no cree en la muerte, ni en la desventura. Pero entre todos los optimismos, descuella por inverosímil el del tuberculoso. Postrado y sin fuerzas en el lecho, proyecta excursiones por las altas montañas; incapaz de rebullirse, se imagina un atleta; luchando con la muerte, piensa en el amor... En ninguna enfermedad crónica y mortal procede la piadosa Naturaleza con más exquisitos miramientos. ¡Tan sólo en el triste desfallecer del tísico aparece la figura de la Parca, velada y embellecida con los triunfales atavíos del himeneo!

Tal le ocurría sobre todo al desgraciado Mosser. Empeoraba por momentos, y se juzgaba próximo a la convalecencia. Cualquier cambio, por nimio que fuera, reputábalo de buen augurio. Una noche de calma, ligera remisión de la fiebre, la cesación de la hemoptisis, hasta un rayo de sol alegrando el ambiente y arrebolando fugitivamente las céreas mejillas, bastaban para que el alentado mancebo olvidara su terrible dolencia y forjara para lo futuro las más dulces y halagüeñas ilusiones. Complacíase, sobre todo, en sus ratos de amoroso coloquio con Emma, en dar rienda suelta a la fantasía. Y soñaba con huir en compañía de la gentil enamorada a la libre y despreocupada América del Norte. Allí, lejos del viejo mundo, emancipados de la autocracia de sabios egoistas y antipáticos, consagraríanse sin reservas a la inefable dicha de amarse, creando un hogar tranquilo y venturoso. Ni le inquietaba la vida material... Emma poseía algunos bienes en su país: además, con los conocimientos científicos adquiridos en el Laboratorio de Forschung, no le sería difícil a él granjear una plaza de profesor en cual-

quier Universidad americana, acaso en Boston, la
Atenas yanqui, metrópoli de la *Harvard University*,
primera entre las primeras...

La simpática Emma, cuya belleza se había espiri-
tualizado con el severo buril de la fiebre, asentía
dulcemente a los alentadores proyectos de Mosser;
pero, a decir verdad, sin grande entusiasmo, como
quien se reserva el derecho de cambiar de opinión.
En realidad, no participaba de las risueñas esperanzas del amante: una vaga inquietud, una indefi-
nible tristeza embargaban su alma, cortando el vuelo
de sus dorados ensueños. Por otra parte, la idea de
abandonar para siempre al hijo de sus entrañas, trai-
cionando descaradamente al sabio bueno y generoso
cuyo excelso nombre llevaba, le hacían estremecer
de terror. Además, ¿podía abrigar esperanzas de
curación definitiva? Al mirarse diariamente al espejo veía, descorazonada, que la calentura había
hundido sus ojos, nimbándolos de azul, y que las
rosas de sus labios se habían trocado en azucenas.
Verdad es que, desde hacía dos o tres semanas,
se sentía mejor y recobraba fuerzas; pero, ¡cuán
lentamente!

Una mañana de septiembre, precedida de una
noche de tenaz insomnio y fatigosos y pertinaces
accesos de tos, encontró Mosser a su amante en la
galería. Adelantáronse instintivamente hacia la ba-
laustrada, y cogiéndose las ardorosas manos pasea-
ron su mirada por el grandioso panorama de los
Alpes.

Eran las nueve de la mañana. El sol brillante y
dorado se elevaba majestuosamente sobre el hori-

zonte, entibiando el ambiente e irguiendo hierbas y flores. Heridos oblicuamente por los amarillentos rayos, refulgían los *glaciers* con tonos ebúrneos, mientras que en los profundos repliegues de la nieve respetados por el sol, reflejaba el cielo tonos azules. Remontando el valle por el vecino camino, venía guiando una carreta de bueyes robusto aldeano, la garganta y los brazos al aire, y en cuyos músculos, dorados a fuego de sol, brillaban, como en broncínea estatua, metálicos reflejos; y detrás seguía tropel pintoresco de muchachas frescas, rozagantes y alegres, cargadas con pesados cántaros de leche. En fin, a la derecha, en el arranque del sendero de las neveras, un grupo de excursionistas preparaba sus arreos para lanzarse a la conquista de los picos gigantes, silenciosos y augustos, bajo su milenaria túnica de nieve inmaculada...

Aquel latir de sangre roja y rebosante, aquel rumor de vida potente, de vibrante energía humana, produjo, por acción de contraste, penosa y melancólica impresión en el ánimo de Mosser. En cuanto a Emma, sombría tristeza velaba su frente; sus ojos brillantes como carbunclos en fondo de amatista vagaban indecisos contemplando lánguidamente ora las escenas rientes del apacible pasaje, ora el rostro del abatido y caviloso Mosser... De repente, como impulsada por un pensamiento hace tiempo contenido, exclamó:

—¡Ah, Mosser, cuán malos somos! ¡Cuánto mejor fuera que sofocáramos una pasión criminal que ha de causar nuestra desgracia! ¿Acaso esta dolencia no es ya un castigo del cielo?

—¡Amada Emma, tú deliras! ¿Castigo llamas al feliz accidente que nos reune? Cierto que la enfermedad ha paralizado nuestros cuerpos, pero, ¿no ha emancipado nuestras almas? ¿No hallas consuelo y fortaleza en las dulces confidencias de nuestro corazón, en la libre expansión de nuestros anhelos y esperanzas?

—¡Sí; pero es cosa bien triste nuestra libertad!... ¡la libertad del dolor! Y comprimiéndose la frente, como si quisiera desechar una idea obsesionante, añadió:

—Deseo, Mosser, hacerte una confidencia. Vivo desde hace tiempo atormentada por una cruel sospecha. Presumo que mi marido ha descubierto nuestra pasión, y al vernos heridos de muerte, nos ha abandonado a nuestro triste destino...

—¡Cómo! ¿tú crees?... ¿En qué fundas tus presunciones?

—En dos hechos harto elocuentes y significativos: su indiferencia extraña hacia mí, que se remonta a una época poco posterior al comienzo de nuestra pasión, y la singular complacencia, verdaderamente incomprensible en un esposo suspicaz y celoso, de permitirte acompañarme al Sanatorio.

—Permite, adorada Emma, que te diga que ambos hechos demuestran precisamente lo contrario. Recuerda que hace cuatro meses, enfermos los dos, y yo menos que tú, le rogué me consintiera seguirte a este establecimiento, para velar por tu salud y noticiarle los progresos de la cura. Forschung, no sólo accedió a mi ruego, sino que agradeció cordialmente mis buenos oficios. Esta confianza, ¿no demuestra plenamente que ignora nuestros sentimientos?

—Quizás... Quiero creerte... De todos modos, hay que convenir en que son bien extraños su silencio y ausencia de más de tres meses. ¿No te parece insólita semejante conducta en un hombre al parecer enamorado de su mujer?

—Dices bien, "al parecer"... Aunque tenga que sufrir algo tu amor propio de mujer divina y adorable, permíteme expresarte que los hombres enfrascados en la investigación no aman más que a la ciencia. Entre una belleza y un microbio, optan por éste. Para ellos la mujer representa, cuando más, un fugitivo y perturbador episodio de la edad juvenil. La pasión por la gloria no consiente sentimiento rival. Dime: ¿si yo persiguiese afanosamente el aura engañosa de la celebridad, ¿me embriagaría ahora en el perfume de tu aliento, me embelesaría con la luz de tus ojos y cifraría mi dicha en sondear tus más secretos sentimientos e ideas?

Y, viendo más resignada a su adorada Emma, prosiguió: —Yo encuentro muy natural la conducta de tu marido, dado su ferviente amor a la gloria y al progreso. No ignoras, sin duda, que el ilustre doctor Funcke, director de este Sanatorio, es grande admirador y amigo de Forschung, el cual, no sólo le remite enfermos, sino sueros, vacunas y tuberculinas a ensayar para la cura de diversas infecciones crónicas. Tal ha sido a mi entender la principal razón que movió a tu marido a internarnos en este famoso establecimiento, donde se nos trata—fuerza es confesarlo—con miramientos exquisitos... cual corresponde a deudos queridos de un sabio ilustre.

Un silencio penoso, sólo roto a intervalos por dolorosos accesos de tos, siguió al referido coloquio. Y como viese Mosser que el velo de lúgubre tristeza volvía a nublar los ojos de su amada, cogió una de sus manos, y después de cubrirla de besos febriles, añadió:

—No temas, hija mía. Nuestra enfermedad, la terrible gripe que nos tiene postrados, va mejor. Recobraremos—no lo dudes—la fuerza y la salud. Tranquilízate, y sabe que cualquiera que sea el giro de los sucesos, de mi cuenta corren tu seguridad y tu dicha...

Y creyendo adivinar la causa de la angustiosa melancolía de su amante, prosiguió, dando a sus palabras acento de alentadora confianza: —No te preocupe tu hijo. El día, no lejano, de la dichosa emancipación, lo recobrarás... y lo recobrarás de buen grado... Es tan generoso, tan indulgente, tan conocedor de las humanas debilidades el bonachón de tu marido, que...

En aquel instante trajo una camarera el correo, dejando sobre la mesa algunos diarios y revistas científicas. Repasábalos Mosser casi maquinalmente, cuando, al pasar la vista por un artículo científico, palideció de pronto, presa de la mayor ansiedad. Conforme avanzaba en su lectura, la disnea le ahogaba, palpitábale el corazón violentamente, y, al fin, sin poder contenerse, salieron de sus labios, furiosas y entrecortadas por roncos estertores, estas exclamaciones: ¡Canalla! ¡asesino! ¡miserable!...

Estremecióse la pobre Emma de terror, al observar la exasperación de su amigo; pero reuniendo sus fuerzas tuvo entereza para arrancarle la revista de las manos, y leer, con voz mojada por las lágrimas, y trémula por los sollozos, lo que sigue:

"Me confieso—escribía el doctor Forschung con arrogante seguridad—unitarista convencido en lo que atañe a la etiología de la tuberculosis. En mi sentir, todos los bacilos de esta terrible enfermedad reconocen el mismo origen y pertenecen a la misma especie botánica; las diferencias que en punto a virulencia y a preferencias y acantonamientos sobre ciertos animales ofrecen, son susceptibles de borrarse fácilmente, sometiendo dicho microbio a procederes de crianza y exaltación especialísimos. Merced a mi método de cultivo, el bacilo tuberculígeno aviario, el pisciario, el de la tortuga, el bovino, etc., conviértense en patógenos para el hombre, en el cual provocan gravísimas infecciones. De ello habíamos dado ya pruebas irrecusables con nuestras antiguas experiencias de inoculación del bacilo humano en los animales; faltaba, empero, la demostración definitiva, perentoria de la transmisibilidad de la tuberculosis bovina al hombre. Motivos de un orden moral muy elevado nos detenían en el dintel de la ansiada verdad.

"Por fortuna, el azar ha salido a nuestro encuentro ofreciéndonos la codiciaba prueba. Por uno de esos descuidos inevitables en el laboratorio mejor ordenado, vertióse, casualmente, una pequeña cantidad de cultivo puro del bacilo de la tuberculosis bovina sobre el cajón de las etiquetas. Este cultivo era tan virulento, que un fragmento de gota mataba al conejo de Indias en pocos días, por septicemia, es decir, con una tuberculosis rapidísima, sin tubérculos (tipo Yersin). Un buey, un perro, una cabra, inoculadas de igual modo, sucumbieron en menos de ocho días. Por desgracia, el infortunado mozo encargado de pegar las etiquetas, bien ajeno de la contaminación ocurrida, continuó, según costumbre, humedeciendo la goma con la punta de la lengua. A los quince días del referido descuido mostró en los labios hinchados un genuino tubérculo miliar, seguido rápidamente, gracias a la irresistible virulencia del germen, de infartos tuberculosos submaxilares y metastasias en el pulmón. Transcurrido menos de un mes de esta infección accidental, se presentó otra lesión igual en los labios y boca de la infeliz esposa del mozo del Laboratorio, la cual, a pesar de mis formales prohibiciones, no quiso sustraerse a las peligrosas efusiones del amor conyugal.

''Ocioso es decir que nos hemos asegurado de la naturaleza del mal, analizando, con las prudentes reservas, los productos patológicos, en los cuales hormigueaba el bacilo tisiógeno de Koch.

''En la actualidad ambos pacientes están en observación en un acreditado Sanatorio suizo. Por informes recientes, podemos declarar que la tuberculosis se ha generalizado gradualmente, sobre todo en el varón, suscitando graves metastasias en el pulmón, hígado y bazo. Todo hace presumir un funesto desenlace, no obstante el racional tratamiento y exquisitos cuidados prodigados por el reputado doctor Funcke, que dirige la cura (a mis expensas, naturalmente, pues no debo olvidar que los pacientes contrajeron su dolencia en mi Laboratorio). Espero, dentro de poco, que el protocolo de autopsia del más grave de los casos, es decir, del varón, demuestre..."

Al llegar aquí, el desdichado Mosser, perdiendo la relativa calma con que escuchaba el tremendo relato, estrujó rabiosamente la revista entre sus puños crispados, en tanto que Emma, cubriéndose de mortal palidez, caía al suelo desvanecida. En el colmo de la desesperación, y con ademanes de loco furioso, desatóse el amante en violentos apóstrofes e imprecaciones. —¡Esto es execrable, inaudito! —decía—. ¡Ah, miserable! ¿Conque esperar nuestra autopsia. ¡Te equivocas!... ¡El autopsiado serás tú! ¡Corro hoy mismo a encontrarte, y verás cómo, a pesar de tus microbios exaltados, me sobran energías para extrangularte con mis manos!...

La escena desgarradora que se desarrolló después entre los amantes es de las que la pluma se resiste a traducir... de las que demuestran la insuficiencia y palidez del lenguaje emocional. Hay también un pudor para la pena honda... Respetémoslo.

¡Infortunados amantes! ¡Ellos que habían contado, inocentes, con el perdón o la condescendencia de Forschung! ¡Y vengarse así, de manera tan rastrera y solapada, haciendo alarde de una frialdad de corazón mil veces más abominable que los furores de la ira! ¡Qué vileza, aprovechar una infidelidad, provocarla quizás, para convertir esposa y amigo en miserables animales de experiencias!...

EL desdichado Mosser, minado hasta lo hondo por la terrible infección, no pudo satisfacer sus terribles propósitos de venganza. Aquella misma noche fué atacado de copiosísima hemoptisis, sufriendo más tarde disnea tan angustiosa y agravada con fiebre tan intensa, que el doctor Funcke perdió toda esperanza de salvarle.

¡Poco después murió el infeliz amante, en la triste soledad de su departamento, sin que la pobre amiga de un día, recluída en el lecho por el recrudecimiento del mal, hubiera ténido el consuelo de velar y recoger el postrer aliento del escogido de su corazón! Por otra parte, aunque su salud le hubiese consentido rendir a Mosser los últimos piadosos tributos de la amistad y de la gratitud, el severo reglamento del Sanatorio, que prohibía la promiscuidad sexual en las salas, se lo hubiera vedado. Para su alma, Mosser comenzaba a ser más que un esposo; para el mundo era solamente un extraño!...

Transcurrieron dos meses más. Despuntaba el invierno, que se estrenaba, en aquellas soledades alpinas, con copiosas nevadas. Con la aparición del frío, Emma recobró algo sus fuerzas, agotadas casi por la tremenda crisis que acababa de pasar. Un ligero carmín coloreó sus mejillas, y en sus claros ojos, humedecidos por lágrimas de sincero arrepentimiento, brilló por primera vez un rayo de esperanza. Poco a poco se apagaban las vibraciones del dolor y renacía la calma del espíritu, tan propicia a la restauración de las fuerzas como a la clara visión de los acontecimientos pasados. Con la serenidad del corazón, sobrevino un sentimiento de justicia. Y al bucear, al través de los sombríos recientes acontecimientos, en las imágenes rientes de su memoria, advirtió que el recuerdo de Forschung perdía progresivamente sus tintas sangrientas y su gesto melodramático, humanizándose y suavizándose, en tanto que la imagen del romántico e impetuoso Mosser palidecía cada vez más, alejándose sucesivamente de la vibrante actualidad hasta parecer ensueño vano próximo a desvanecerse.

Impregnada de esa benevolencia precursora del arrepentimiento, llegó Emma hasta a disculpar la sañuda venganza de su marido, tan fríamente imaginada como inexorablemente cumplida.

—¿Acaso no ha tenido razón en el fondo?—exclamaba en sus soliloquios—. Cierto que obró alevosamente; pero, ¿no fué también alevoso el agravio? Hubo, sin duda, en Forschung arrebato y desproporción evidente entre la ofensa y el castigo, toda vez que yo no me abandoné ciegamente a los caprichos del amante... De todos modos, debió haberse conducido con más prudencia, provocando una explicación de mi parte, y acaso... Pero seamos sinceros: mi corazón no le pertenecía ya, y tarde o temprano, la pasión contagiosa de aquel hombre ardiente, que me fascinaba con sus miradas y enloquecía con sus apasionados acentos, me hubieran conducido al deshonor y al escándalo...

Emma decía la verdad. En realidad, era menos culpable de lo que parecía.

publicaciones
—goya—

El afecto hacia Mosser fué una inclinación sensual, de piel afuera, sin raíces en el corazón y en el espíritu: simple efecto de sugestión—ardiente y avasalladora si se quiere—pero fugaz como todas las sugestiones. Por eso, desaparecido el hipnotizador, cesó el encanto. En presencia de Mosser, bello con belleza leonina, rebosante de juventud y de vigor, sentía desfallecer sus sentidos y anublarse la voluntad; pero en cuanto perdía de vista al irresistible seductor, la razón recobraba sus fueros, imponiéndose a los nervios sobreexcitados. Y no obstante, semejantes eclipses de la voluntad, y a despecho del idílico dúo de amor, cantado briosamente durante medio año, la esposa extraviada no llegó a manchar el honor conyugal, al menos en la medida en que la moral al uso gradúa las faltas irreparables. Hubo ciertamente complacencias criminales, arranques y efusiones de cariño más o menos sensual, efusiones que despertaron las sospechas del marido y motivaron el drama; pero—repetimos—quedó sin vadear el Rubicón de la honra. Es que, en medio de su impresionabilidad, Emma, como buena americana, era harto calculadora y prudente para entregarse sin reservas, y exponerse a perder, acaso para siempre, una situación moral y económica, excelente y envidiada.

Además—¿por qué no decirlo?—durante aquellas homéricas luchas entre el querer y el deber, vino en su socorro, deteniéndola en la pendiente de las últimas concesiones, un delicado sentimiento de maternidad. Poco antes de iniciar sus intimidades con Mosser, Emma se hallaba en estado interesante..., y se estremecía de terror ante la posibilidad de que, un día, las consecuencias de los extravíos de la madre recayeran en la cabeza de un ser inocente.

¡Ah! si Forschung hubiera juntado al genio y a la gloria la juventud y la belleza, ¡cuán feliz hubiera sido Emma! ¡Qué dicha sentir satisfechos a un tiempo la inteligencia y los sentidos, la vanidad y el orgullo! Desgraciadamente, tamaña fortuna suele ser quimera irrealizable. Gloria, riqueza, consideración social, representan casi siempre el equivalente de un desgaste de lozanía y juventud. Desear simultáneos, y encarnados en un solo hombre, dones raros y exquisitos que la Naturaleza suele otorgar a hombres diferentes o, cuando más, a fases sucesivas de una misma existencia, es pretender que la semilla sembrada en la tierra no destruya sus próvidos cotiledones, ni disipe su vital energía al expandirse en lozano tallo y en flor hermosa y fragante.

La carta que el doctor Forschung recibió de su mujer, dos meses después de la muerte de Mosser, fué un desahogo del corazón, un conmovedor relato de amarga desilusión y sincero arrepentimiento. Como sentimiento central y dominante campeaba el amor maternal. Deseaba Emma ver a su marido para implorar su perdón; pero ansiaba, sobre todo, abrazar al hijo de sus entrañas, purificándose y templándose en el Jordán de la ingenua inocencia y de los afectos vivos y eternos...

La carta terminaba declarando que en los devaneos de la esposa habían tenido mayor parte los sentidos y la fuerza de la juventud que los impulsos del corazón. —Sólo la porción más débil y grosera de mi alma—le decía—estuvo a punto de rendirse; pero lo mejor de ella, el amor y veneración al sabio ilustre, el culto a su nombre inmaculado, la gratitud y afección al padre y al esposo, se salvaron por completo. Si en algo pequé, harto castigada estoy. Soy absolutamente sincera. Cara a la muerte, ¿puede fingirse?

Si algún lector ha tenido la paciencia de seguirnos hasta aquí, dirá de seguro: "Los hombres de ciencia son fríos, orgullosos; poseen alma de sicario o de inquisidor; solázanse torturando inocentes animales de laboratorio, porque no pueden cebar su cruel curiosidad en la carne palpitante del prójimo..."

¡Error profundo! Basta leer ligeramente los trabajos de los sabios para cerciorarse de que poseen un corazón exquisitamente sensible, más sensible que el de los demás hombres. Si no gozaran de mayor impresionabilidad, ¿sabrían descubrir nuevas verdades? Si no fueran susceptibles y puntillosos en cuestiones de prioridad, ¿caminarían en pos de la gloria? ¡Cuántos de ellos, aborrecidos injustamente por las sensibles solteronas de las Sociedades protectoras de animales (el tercer sexo humano, según pudo asegurar Ferrero), no duermen el día que han verificado vivisección sangrienta y emocionante!

Forschung era muy sensible a las heridas de la dignidad. Precisamente, a causa de esta hipertesia del honor, se había vengado, y había sentido amarguísimamente la deslealtad de su mujer. Pero ahora, lleno de generosa indulgencia, estaba pronto a olvidar su resentimiento.

A la verdad, las cosas habían cambiado mucho. No hay como la muerte para simplificar los problemas de la honra. El único posible pregonero de su desgracia conyugal había enmudecido para siempre; y en el corazón del sabio, volvía progresivamente a renacer el antiguo amor a Emma, cuya aflictiva situación moral deploraba cordialmente. Conocía además, por los frecuentes informes de su amigo Funcke, el notable alivio de la enferma, y confiaba en su total restablecimiento, o por lo menos en una mejoría temporal que consintiera el ensayo de remedios heroicos. Sobre esto, según veremos, tenía su plan.

A la sumisa carta de Emma contestó Forschung sobre poco más o menos: "Mi querida y un tanto extraviada esposa: Disculpo tus debilidades, de que me reconozco un poco responsable. Debí haber cuidado de tus impresiones y compartido equitativamente mi sensibilidad entre mis dos ídolos: la ciencia y tú, o por mejor decir, tú y la ciencia, y aun cometer de vez en cuando alguna infidelidad al segundo para evitar las represalias del primero. Tus claros ojos valían algo más que el ocular del microscopio, y tus pestañas merecían observación más atenta y ahincada que todos los bacilos y espirilos de mis cultivos. Pero, en fin, aun puede ello enmendarse. Un descubrimiento prodigioso que acabo de hacer me asegura tu curación definitiva. Vivirás, pues, y gozarás de robusta salud y alegría, para que puedas servir conjuntamente de testimonio del soberano poder de la ciencia y de la lealtad de tu arrepentimiento. Se me olvidaba: dentro de pocos días llegaré con tu hijo al Sanatorio."

Y en efecto, cierta mañana del mes de febrero llegó el doctor en compañía del encantador Max, desarrollándose la escena que el lector puede figurarse. La pobre Emma tuvo la inefable fruición de estrechar en sus brazos al inocente hijo, y de recibir del padre irrecusables y conmovedores testimonios de indulgencia. Enternecido y ocultando furtivas lágrimas, Forschung llevó su piedad hasta imprimir un beso apasionado en los descoloridos y suplicantes labios de su esposa...

—¿Qué haces?—exclamó Emma consternada—. ¿Olvidas cuán contagiosa es mi enfermedad?

—No temas; conozco harto esos microbios y sé el modo de refrenarlos. Traigo para ti, según te anuncié en mi carta, un suero antituberculoso, de cuya eficacia estoy absolutamente seguro. Es un secreto terapéutico que no he divulgado todavía...

Imaginabas que tu esposo te había abandonado, y te equivocabas de medio a medio. Desde el punto y hora que estalló tu enfermedad concebí la sospecha de que acaso tu culpabilidad no era tan grande como las apariencias mostraban; que quizás tu nerviosidad excesiva y la vehemencia y sensualidad del fingido Romeo te habían impresionado fuertemente, sin rendir empero por completo tu corazón; y pensé además que, cualquiera que fuese el grado de complicidad de tu voluntad desmayada, no estaba yo autorizado para castigar de muerte a los culpables, sino a lo sumo para realizar alguna severa demostración que, atajando el extravío en sus principios, cediese en provecho y enseñanza de la humanidad. Sólo en la guerra es permitido matar; únicamente en la reñida batalla por la ciencia librada, en honor e interés de la raza humana, es lícito sacrificar alguna víctima propiciatoria.

Estas consideraciones, y el ver el grave giro que tomaba la enfermedad (cosa que no esperaba), me incitaron a trabajar febrilmente en el hallazgo de un método terapéutico racional, capaz de luchar ventajosamente contra el microbio o contra la acción de sus toxinas. Tu amor y el afán de salvarte multiplicaron mis fuerzas y me dieron la clarividencia necesaria para el acierto. Al principio, los conejos tuberculosos tratados con dicho suero antibactericida y antitóxico, experimentaban no más fugaces alivios; después, modificando el procedimiento de elaboración del remedio, las mejorías se sostuvieron; en fin, a fuerza de tanteos y de interminables pesquisas, logré un producto que detiene bruscamente en los animales (incluso en los de gran talla) el curso del mal, aniquilando los bacilos y promoviendo franca convalecencia.

—He aquí—dijo, mostrando a Emma un tubo cerrado a la lámpara, donde brillaba un líquido ambarino y viscoso—el precioso elíxir. A fin de darle la concentración y virtualidad indispensables, he debido sacrificar treinta cabras y diez caballos. ¡Caro cuesta el remedio!, pero tu salud y mi felicidad bien merecían este pequeño sacrificio. ¡Lástima grande que el atolondrado y petulante Mosser haya sucumbido antes de mi salvador descubrimiento!

La pobre Emma, transfigurada por la felicidad y la emoción, sólo pudo responder:

—¡Ah, mi querido Max, cuán bueno eres!...

Gracias al empleo del suero de Forschung, pudo Emma, al cabo de mes y medio, abandonar, completamente curada, el Sanatorio.

Un viaje a Italia en compañía del esposo, cada vez más enamorado de su cara mitad, acabó de fortalecer la naturaleza de Emma, renovando, con la lozanía del color y la turgencia del rostro, la ingenua y comunicativa alegría de otros tiempos. Fué una segunda luna de miel, que les recordó la inolvidable gozada bajo el ardiente sol de Oriente, entre palmeras y sicomoros.

Aquella excursión fué como una esponja que borró dolorosos recuerdos y preparó a los esposos para nueva y fecunda existencia. Recobrada la tranquilidad del hogar, Forschung se entregó con crecientes entusiasmos a las tareas de la investigación y de la enseñanza. Y para colmo de ventura, Emma dió a luz con toda felicidad una hermosa niña, limpia de la temible tara tuberculosa y con los ojos amarilloverdosos y el bermejo cabello de Forschung. Estos cabellos tranquilizaron al sabio tanto como aquellos otros le atormentaron.

Pero el afortunado investigador era demasiado conocedor de las flaquezas del corazón humano y de la psicología de su mujer, cuya impresionabilidad y sugestibilidad temía, para exponerse a nuevos contratiempos. Por prudencia, Emma dejó de asistir al Laboratorio oficial y de alternar con los alumnos y ayudantes. Ocupábanla ahora las faenas y cuidados del hogar y la vigilancia y educación de sus hijos, dulces tareas de madre que ella no cambiara por todos los Mossers del mundo. Y en los ratos libres ayudaba solícitamente al sabio, ordenando la biblioteca, dibujando y fotografiando preparaciones microscópicas, consultando textos y monografías—para simplificar las pesquisas bibliográficas exigidas por las publicaciones de Forschung—y contestando la correspondencia. Esta actividad incesante, unida al desdén de las equívocas satisfacciones de la vanidad, descartaron de su alma enfermizos y peligrosos romanticismos. El amor de madre, precioso derivativo moral, amortiguó el ardor de sus sentidos, que no se estremecían ya ante las subyugadoras miradas de los arrogantes Lovelaces.

A pesar de lo cual, repetimos, Forschung no se hacía ilusiones. El contraste físico entre los esposos se acentuaba de día en día. El rudo batallar de la ciencia había consumido el vigor del sabio que, al mirarse al espejo, descubría con pena sus sienes deplorablemente blanqueadas por las canas, ¡esa ceniza del pensamiento! y el vértice de su cráneo calvo, liso y brillante, como lamido al fin por el eterno rodar de las ideas.

En cambio la arrogante Emma, refractaria a la acción del tiempo y a los desgastes que, hasta en las más vigorosas y estoicas naturalezas, produce el oleaje del dolor, conservaba admirablemente su belleza, y aun parecía haber crecido en gracias y seducciones. El dulce sosiego del corazón, confortativo de primer orden, había prestado a sus ojos esa brillantez y finura de dibujo propios de la niñez; y sus cabellos, antes excesivamente pálidos, ostentaban ahora un rico y jugoso tono bistre dorado, que realzaba maravillosamente la inmaculada blancura del cutis.

Evolución tan divergente de la morfología exterior de los cónyuges preocupaba profundamente a Forschung, quien por cada día se encontraba más disonante y ridículo, cuando, por imposiciones de la higiene o los mandatos de la cortesía, debía acompañar a su esposa en paseos y visitas.

—¡Ah, si yo pudiera—pensaba el sabio para su capote—descubrir un suero que me rejuveneciera como a Fausto, o que al menos contuviera mi decadencia y me consintiera esperar tranquilo el dulce y lento declinar de mi querida Emma!

Mas por desgracia—añadió—el filtro de larga vida, el hallazgo de la maravillosa y vivificadora fuente de Juvencio es loca quimera.

Desdichadamente para los Faustos, la vida, función de la materia y del tiempo, representa un mero mecanismo, y se halla sujeta, cual las máquinas de la industria, a irreparable desgaste. Nuestro dominio, más nominal que real sobre el maravilloso Clavileño sobre que cabalgamos a través de un cielo de ilusiones y de esperanzas, se reduce a reglar la velocidad del motor, consumiendo más o menos rápidamente la provisión de energía que se nos otorgó al nacer. El ocioso economiza combustible, creyendo vivir más, y suele vivir menos, porque la pereza del movimiento acarrea la oxidación de la máquina, y el carbón, o dígase grasa, sobrecarga y entorpece el corazón, vacío de sentimiento, y el cerebro, huero de ideas. El sabio, el artista, el héroe, el jornalero, fuerzan la máquina y agotan el carbón antes del término natural del viaje..., cuando no descarrilan, ora en los áridos campos de la neurastenia y del *surmenage,* bien en el abismo aterrador de la locura. Sólo el morigerado, el que sin derrochar el combustible camina a regular velocidad, suele llegar sin averías a la decrepitud, término natural de la existencia...

—Mas—continuó Forschung, por cuya mente pasaron con rapidez los transcriptos pensamientos— puesto que en el orden de los procesos fisiológicos es más fácil correr que pararse o retroceder, ¿por qué (viniendo a mi caso particular) en vez de soñar con el absurdo de igualarme con mi mujer, no intento igualarla conmigo? Hemos rechazado por utópico el elíxir de larga vida; pero, ¿lo será también el encuentro de un suero de envejecer?...

Al llegar aquí interrumpió el sabio bruscamente sus reflexiones, exclamando:

—¡Entendámonos! Me agradaría hallar un suero de envejecer, pero que envejeciera solamente por fuera, superficialmente, reservando los órganos nobles y algunas graciosas ruedas de la máquina vital; un suero, en fin, que, a ser posible, se limitara a madurar un tanto la peligrosa belleza de mi mujer, añadiendo algunas canas a su espléndida cabellera, modelando discretamente en su turgente y nacarino rostro algunas suaves arrugas, esfuminando con un poco de gordura la finura y elegancia de las líneas, imprimiendo, en fin, al conjunto el sabor y colorido del fruto sobresazonado y un tanto empalagoso...

Todas las maravillas de la civilización han sido alguna vez puras fantasías de soñadores. Pero a lo mejor llega una cabeza sólida y obstinada, reflexiona profundamente, y el ensueño del poeta se convierte súbitamente en hecho real, en criatura industrial viva y pujante, generadora de riqueza y fecunda en goces morales e intelectuales.

Así ocurrió con la estrafalaria fantasía de Forschung. Desechóla al principio, cual quimera irrealizable; se paró después a meditar sobre ella; y conforme se engolfaba en el análisis, advirtió que el descubrimiento del suero de la decadencia, sin ser empresa llana, representaba un problema abordable en principio. Animado por este primer resultado, llevó la cuestión al terreno experimental; desentrañó la composición morfológica y química del tegumento de los decrépitos; determinó las causas próximas de la calvicie y canicie, de la flojedad elástica del rostro generadora de arrugas, de la atrofia de glándulas y paniculo adiposo. Y burla burlando, nuestro sabio, habilísimo en el manejo de los cubiletes de la química, logró extraer de la piel y tejidos internos de perros seniles, gatos y caballos avejentados y caducos, un principio (semejante al encontrado en los órganos de los hombres centenarios) susceptible, a pequeñas dosis, de atrofiar las glándulas cutáneas, de decolorar el cabello y fruncir la piel.

Verificáronse las primeras experiencias en un asilo de caridad, con veinte prostitutas incorregibles y sifilíticas. Brillante fué el resultado. Quince días después de la inyección subcutánea del estupendo licor, muchachas de dieciocho a veinticinco años quedaron convertidas en señoronas de cuarenta y cinco, y fueron regeneradas por completo; que no hay mejor moralizador que la pérdida de la belleza. Pero lo que satisfizo más a Forschung fué el observar que el remedio poseía acción puramente local limitada, con exigua difusión en superficie, al territorio cutáneo inoculado.

La *senilina*—así la bautizó el sabio—gozaba de innegables virtudes *antitegumentarias,* es decir, marchitadoras del cutis y partes accesorias, respetando íntegramente el vigor de los órganos internos.

Seguro ya el previsor marido de los efectos fisiológicos de la *senilina,* dió parte a su cara mitad del prodigioso descubrimiento, así como del doloroso sacrificio que estimaba prudente imponer a su hermosura, a título de futura garantía de la paz y felicidad del hogar. La dócil Emma, que al fin era mujer y la gustaba agradar, arriesgó al principio algunas tímidas observaciones; pero como éstas fueran mal acogidas, resignóse al experimento, no sin que antes la tranquilizara Forschung asegurándola que la *madurez* sólo interesaría un área insignificante del organismo, a saber, el rostro y el cabello, y que las gentes, si es que reparaban en el cambio, se limitarían a añadir a sus veintiocho abriles unos cinco o seis eneros a lo más.

Y a fin de efectuar con libertad la transmutación, emprendieron los esposos un viaje de placer. A la manera del cinematografista, que para mejor ilusionar al público procede al cambio de las vistas fotográficas durante los eclipses instantáneos del foco eléctrico, así Forschung, al objeto de recatar el tránsito violento de las dos fases de juventud y madurez de Emma, apagó la luz de la curiosidad, ausentándose de Wurzburgo y pasando larga temporada en Inglaterra y en los Estados Unidos.

Meses después, regresada del viaje la pareja, los amigos y conocidos de Forschung sufrían un ataque agudísimo de curiosidad. Veían a los esposos y no acababan de dar crédito a sus ojos. La vida regalona del hotel, la influencia tonificadora del aire libre y el reposo mental casi absoluto habían rejuvenecido a Forschung; mientras que, por el contrario, la belleza de Emma había declinado visiblemente, adquiriendo esos tonos rojizos y esa amplitud de superficie visible, propios del sol que se pone. ¿Qué había ocurrido?

Nadie lo sabía, pero por lo mismo todos imaginaron lo menos verosímil. Muchos dieron en pensar que la compañera del doctor era una hermana mayor de la infeliz esposa, fallecida sin duda durante el largo y azaroso viaje; sin duda el desaprensivo de Forschung, sin respeto a la memoria de la muerta ni guardar el luto que es de rigor, se había casado o *arreglado* con la cuñada... ¡Estos genios de la ciencia son tan estrafalarios!

Y a la verdad, esta versión disparatada, que el sabio no trató de atajar, se presentaba con todos los caracteres de la verosimilitud; porque la infeliz Emma ofrecía enteramente el aspecto de una hermana mayor, bastante ajada y marchita, de sí misma. Consolóse, empero, de su transformación al advertir la pasión y vigor crecientes del marido y el cándido amor de los hijos, en cuya educación puso el sobrante de ternura no saturado por el corazón de Forschung. El cual, libre de moscones y de cuidados domésticos, pudo entregarse libremente a perfeccionar sus maravillosos descubrimientos.

Antes de terminar el relato, deseo satisfacer una legítima curiosidad del lector, el cual, si es un poco aficionado a la industria, sentirá comezón por averiguar cuál fué la suerte científica y comercial de la famosa *senilina. A priori*, parece que una panacea contra la juventud sea un mal negocio. No hay que pensar siquiera en buscar consumidores del insólito artículo en las veleidosas coquetas de diecisiete abriles, ni en las cartilagíneas solteronas de cuarenta y cinco otoños, ni siquiera en los viejos alegres y casquivanos de bigote teñido y bisoñé, artificios contra los cuales nada podría, naturalmente, el citado elíxir de envejecer.

Mas, como no somos dados a juzgar de las cosas

por meras impresiones, hemos pedido informes al doctor Forschung (de quien somos fervientes admiradores) acerca del porvenir económico del extravagante remedio.

Y he aquí algunos expresivos párrafos de la interesantísima respuesta:

"Creí en un principio—escribe Forschung—que la senilina, fuera del caso particularísimo para que fué imaginada, constituiría una mera curiosidad de laboratorio, uno de tantos cuerpos orgánicos en *ina* descubiertos por la síntesis química, y que, faltos de aplicación industrial, duermen el sueño de los justos en los polvorientos anaqueles de las fábricas de productos farmacéuticos. Por fortuna, nos hemos equivocado. La nueva *senilina,* que debiera llamarse *antifreniatina,* porque ha sido modificada mediante la adición de extracto de cerebro senil y el descarte de algunos principios antitegumentarios, tiene ante sí un espléndido porvenir.

"Por de pronto, ensayada cuidadosamente, en delincuentes y locos, por una comisión de médicos legistas, ha producido, mediante inyección intravenosa, sorprendentes efectos psíquicos; resultando ser un soberano moderador de los impulsos criminales y un maravilloso sedante de la voluntad. En los locos furiosos, cinco gotas cada semana hace inútil la coacción de la camisa de fuerza, y dos gotas diarias determinan en sanos y enfermos la abulia más completa. En realidad, el nuevo producto obra envejeciendo los centros nerviosos, es decir, trayéndolos a la situación de inercia mental, torpeza de memoria, frialdad emotiva y misoneísmo característisticos de la caducidad; todo ello sin perjuicio de la pujanza de músculos y vísceras, que se mantienen en estado juvenil.

"Pero hay más. Algunos sociólogos individualistas, preocupados por la creciente amenaza del socialismo y anarquismo, han emprendido (con la consiguiente reserva) ensayos de inoculación de la nueva senilina en las clases desheredadas, y conseguido resultados verdaderamente alentadores. No menos interesantes son los éxitos obtenidos recientemente por las misiones alemanas del Africa central. Según carta del Rev. Schaffer, que a la vista tengo, dicha panacea es un poderoso auxiliar de la evangelización, puesto que debilita notablemente el rudimentario sentido crítico de las tribus negras y apaga el ardor y fanatismo de los santones mahometanos.

"En vista de lo cual no extrañará usted una noticia que, en secreto, voy a revelarle. Por conducto de las respectivas embajadas en Berlín, ciertos políticos de aquellas naciones, que cierto estadista inglés calificó de *moribundas,* me han encargado a toda prisa grandes remesas de la *antifrenilina,* pues desean emprender en gran escala experiencias de pacificación química de los espíritus levantiscos. Pretenden, y acaso estén en lo cierto, que dicho producto es un irreemplazable resorte de Gobierno, toda vez que es susceptible de refrenar las rebeldías de las muchedumbres hambrientas, de desbravar la originalidad peligrosa de pensamiento y de aniquilar de una vez el inmoderado afán de novedades filosóficas y políticas.

"Gracias, pues, al mercado inagotable representado por los aludidos pueblos, espero ganar millones y adquirir gloria inmarcesible. Por donde verá usted que el doloroso sacrificio de Emma, mil veces más grande y heroico que el de la legendaria Ifigenia, no ha sido estéril para la prosperidad de mi familia y la paz y modorra definitivas de la más desdichada parte de la humanidad."

¡Dios mío! ¿Será cierto que los estadistas españoles han fiado el orden social a los efectos salvadores de la senilina? Señales harto significativas hay de este definitivo desahucio del alma nacional...

Si ello se confirma y semejante vacunación se establece con carácter obligatorio, preparémonos todos a ganar el cielo, después de abandonar la tierra a los despiertos enemigos de nuestra raza. ¡*Senilinas* a nosotros... en cuyos cartilagíneos cerebros existen ya en proporciones desconsoladoras tantas *misticinas*, *decadentinas* y *misoneinas*, triste legado de edades bárbaras y de una pereza mental de cinco siglos!

¿hom-
bre ar-
tificial?...

*J*UNTO *a un velador, y bajo la protectora y polícroma marquesina de un café popular de París,* *hallábase cierto caballero como de treinta y cuatro años, alto, moreno, de frente despejada y ojos vivos e inteligentes. Entre sorbo y sorbo de café, leía distraídamente la Prensa del día, dirigiendo, de vez en cuando, furtivas miradas a la porción libre del* trottoir, *por donde desfilaban, en procesión pintoresca e interminable, hombres trafagosos, perezosos* flaneurs *y airosas, pulcras y bien trajeadas muchachas. Satisfaciendo la natural curiosidad del lector, diremos, desde luego, que el personaje en cuestión era don Jaime Miralta, español naturalizado francés, célebre ingeniero y director de importante y acreditada fábrica de aparatos eléctricos.*

Al alzar sus ojos del periódico, atrajo de pronto su atención la presencia, en otro velador vecino, de un forastero severamente vestido, con aire grave y solemne.

—Este sujeto no me es desconocido—pensó Jaime, quien, después de repasar sus recuerdos, acabó por reconocer en el recién llegado a su antiguo condiscípulo y contrincante del Ateneo, don Esperaindeo Carcabuey, barón del Vellocino, el cual, mirando a su vez al compañero, levantóse bruscamente del asiento y corrió a saludarle efusivamente, exclamando:

—¿Cómo?... ¿Tú por aquí? ¡Qué grata sorpresa! Cuéntame...; ¿qué es de tu vida? ¡Seis años sin noticias tuyas! Sabía que, a consecuencia de las persecuciones de que fuiste objeto, te habías expatriado...; pero te creía en América...

—Pues ya ves, querido Esperaindeo, vivo en París, y vivo tan ricamente, convertido en flamante industrial, explotador de varias patentes de invención relativas a máquinas eléctricas, y con algunos millones de francos ganados en buena lid.

Pero, ¿qué diablos te trae por París y solo? Te suponía en Madrid hecho todo un prócer, diputado o senador, gala y ornato de los salones aristocráticos y de las corporaciones piadosas, y partidario acérrimo del principio de autoridad hermanado con el orden y la religión...

—¡Mira, no me vengas con ironías!... ¡Ah, si supieras! ¡Soy muy desgraciado... horriblemente desgraciado!...

—¿Cómo? ¿No eres feliz? Un joven como tú, hijo único, dueño de regular fortuna, dechado de cristianas virtudes y espejo de mansedumbre y humildad, casado quizás con santa y devotísima hija de la Iglesia...

—¡No aludas, por Dios, a mi mansedumbre!... Ella me ha perdido... Mira.... me alegro en el alma haber topado contigo. Me coges en plena crisis psicológica.

—¡Chico, me tienes en brasas!..., ¿qué te ocurre? Cuéntame..., y confía en mí. Bien sabes que, no obstante nuestras diferencias de gustos intelectuales, te he considerado siempre como un buen amigo... No olvido nunca la generosidad y celo con que trabajaste para lograr mi absolución en aquel malhadado proceso por delito de imprenta... Pero, siéntate..., y cuéntamelo todo. Esta tarde no tengo qué hacer..., y aunque lo tuviera... ¡Es tan grato oir hablar de la patria y de los amigos después de tantos años de ausencia!

—Agradezco cordialmente tus bondades. No esperaba menos de ti; pues aunque tus radicalismos políticos te hicieron antipático a mi familia, yo siempre te estimé y admiré... Quiero, amigo Jaime, referírtelo todo...; confiarte flaquezas y recuerdos que jamás salieron de mi corazón. Mi vida es una historia clínica, que debes oir y meditar como psicólogo y como médico, para ver si das con algún remedio salvador.

—¡Bien, hombre! Explícate.

—Soy una víctima de la mala educación, a quien el infortunio ha abierto los ojos..., unos ojos que jamás contemplaron la realidad de las cosas. Represento humilde manufactura donde colaboraron todas las manos, excepto las mías; cera blanda, en la cual la sugestión, la autoridad y la enseñanza, impresionaron cuanto quisieron, sin que la menguada elasticidad de la primera materia fuera a borrar algunas huellas deformativas, ni a generar un pliegue original y espontáneo. Bien sabe Dios que, si mi vida ha resultado un fracaso, no es mía la culpa. Pero, no divaguemos, y al grano. Ni te sonrías si en la narración siguiente encuentras algún detalle harto realista.

ESPERAINDEO, *después de mirar unos instantes al cielo, como para iluminar los borrosos recuerdos de la infancia, continuó:*

—Pues, señor..., la fatalidad influyó hasta en el acto de mi concepción. Mi madre, estéril hasta los cincuenta años, se empeñó en tener un hijo. Consultó a un famoso doctor, especialista en afecciones sexuales; el cual, con beneplácito del autor de mis días, propuso el empleo de la fecundación artificial.

Cumplidos los diez años, era yo un niño pálido, encanijado y enteco, comparable a planta criada en sótano. A pretexto de evitar enfermedades y malas compañías, no se me consintió jamás jugar ni correr con los chicos de mi edad. En una virginidad de entendimiento y de conciencia, con la memoria atiborrada de fantasmas y de conceptos místicos que escapaban a mi penetración, sin poseer una sola imagen precisa del mundo, que se me aparecía como un vago y misterioso ensueño lleno de pavorosas pesadillas, permanecí hasta los once años, en que se me juzgó en sazón para cursar la segunda enseñanza en un colegio. Allí aprendí latín y griego, lenguas de los muertos, y menosprecié los idiomas de los vivos, vehículos de la moderna cultura.

En aquellas aulas, impregnadas de misticismo y de olor a rapé, adquirí un desdén aristocrático hacia las ciencias profanas, es decir, las matemáticas, físicas, naturales y biológicas, venero de riqueza y bienestar de los pueblos, y una pasión exclusiva y fanática por la retórica, las humanidades y singularmente por la teología.

A la verdad, yo no penetré bien todos los ingeniosos argumentos de mis profesores, que se apoyaban principalmente en la filosofía de Santo Tomás; pero los diputé excelentes e irrefragables, pues no era cosa de sospechar que varones tan doctos y de acrisolada virtud pudieran engañarse y engañarme. Además, en mi naturaleza de hombre artificial y de pastaflora, docilísimo a toda suerte de sugestiones, no iba a mostrarme exigente. Ajeno al concepto de la ley natural, y mirando el mundo cual perpetuo milagro, tragábame sin el menor empacho cuantos sucesos sobrenaturales me contaban.

Sin esfuerzo adivinarás, por lo expuesto, cuán notables y rápidos progresos haría en las clases de retórica, historia, religión y psicología escolástica, y los escasísimos, por no decir nulos, logrados en las de física y química, fisiología e historia natural.

Cumplidos los diecisiete años y aprobado el preparatorio, comencé en la Universidad mis estudios de abogado. El Derecho me distanció aún más de la Naturaleza. A mi creencia en un *mundo-milagro,* se añadió entonces el fetichismo de la ley escrita. Cada precepto legal aparecíaseme como algo real e inmanente, algo que estaba por encima de las convenciones humanas y de los intereses materiales de las muchedumbres.

A través de la hoja de papel de Códigos y Partidas, elaborado por doctrinarios encumbrados en la torre de marfil de orgulloso subjetivismo, la imagen del hombre real, con sus impulsos, intereses y pasiones, se esfumaba hasta desvanecerse casi del todo. Naturalmente, supuestos mis sentimientos tradicionalistas, la ley humana me parecía simple comentario práctico de la divina, y consideraba a legisladores y jueces cual meros delegados de la Iglesia, en cuyo nombre, y no en el del pueblo ni del rey, debieran formular las leyes y administrar justicia.

Una vez concluída mi carrera, todo parecía sonreírme. Vocación y ansia de gloria lanzáronme a las lides de la palabra. Y en un principio, mientras me concreté a hacer conferencias en los Luises y demás círculos ultramontanos, hallé mi camino sembrado de flores. Por desgracia, mis maestros del colegio y de la Universidad creyeron descubrir en mí un brioso mantenedor de la fe y un orador fogoso y sugestivo, y excitáronme, con la mejor intención, a mantener, enfrente del racionalismo militante, en Academias y Ateneos, los principios del *Syllabus* y de la filosofía escolástica.

Habíanme enseñado que, en herejes y descreídos, las virtudes son vicios, es decir, rasgos de orgullo y de hipocresía o efectos lejanos de la antigua levadura cristiana, y yo lo creí de buena fe. No tardó, sin embargo, la experiencia en demostrarme que la conducta individual depende, antes que del credo religioso, del carácter, grado de cultura y especialidad pasional de los hombres.

En suma, y para definir en pocas palabras la fisonomía moral del ingenuo paladín de la fe en el Ateneo, me bastará consignar que era católico por sugestión y costumbre, ultramontano por imposición, procaz e intemperante por imitación, y orador retórico y florido por recetas.

Poco satisfecho de mi apostolado, empresa harto superior a mis exiguas fuerzas, y falto de iniciativas para descubrir nuevos horizontes polémicos, lancéme al estadio de la política, afiliándome, naturalmente, en las huestes ultramontanas. No fuí en ellas mal recibido. Mi aureola de caballero andante del ideal y mi cristianismo de acuñación antigua, sin tachas ni herrumbres liberales, abriéronme las puertas de los cenáculos clericales y la mansión de cierto elocuente y linajudo prohombre, en cuya tertulia se concertaban benevolencias, se otorgaban distritos y preconizaban obispos. Este personaje, que no tiene pelo de tonto, debió calar en seguida mi nativo candor y condición sumisa y corderil, y pensando, sin duda, hacerme instrumento suyo, me trajo de diputado cunero por un distrito rural.

Aquella generosa protección me convirtió en maniquí del consabido cacique. Estaba de Dios que no había de salir nunca de textos y tutelajes. Ahora veíame obligado a tomar el santo y seña de boca del jefe, el cual se dignaba planear las minutas de mis discursos, llevando su bondad al extremo de componer expresamente para mí períodos rotundos y grandilocuentes, frases intencionadas y maquiavélicas, y hasta hábiles alusiones personales.

Según recordarás, mis campañas del Congreso constituyeron una nueva equivocación. Expositor solemne, de frases pomposas y contextura rígida, desconocedor de los hombres y de sus menudas insidias y pasiones, era yo incapaz de plegarme a los culebreos y marrullerías de la táctica parlamentaria. Perdida la fe en los grandes ideales, las luchas del Parlamento no se encaminan hoy a los fines de la utilidad social y engrandecimiento de la patria, sino a los egoístas del medro de un partido y de la prosperidad personal. Para el orador de oposición, escollo y rémora de los gobiernos parlamentarios, el objetivo inmediato consiste en desacreditar a los ministros, cualesquiera que ellos sean; y con tal de lograr sobre el *leader* ministerial alguna ventaja y la consiguiente turbación en la mayoría, impórtale a aquél un ardite que el torneo degenere en riña y que el noble florete sea sustituído por la trapera navaja.

Tal ocurrió con ocasión del primer discurso doctrinal que, en apoyo del programa del Gobierno y del grupo parlamentario acaudillado por mi jefe, pronuncié en el Congreso. Los oradores demócratas, recordando sin duda mis intransigencias del Ateneo y mi significación acentuadamente clerical, conviriéronme en blanco de sus sañudos ataques; y al objeto de aturdirme y hacerme perder los estribos recurrieron a la mordaz invectiva, al apóstrofe insultante, a la interrupción sistemática y obstruccionista. ¡En vano agitaba el presidente la campanilla para mantener a raya a los alborotadores y sacar a flote mi coreado y entrecortado discurso!... Yo perdí la paciencia y lo eché todo a rodar. Arrebolado por la emoción, turbado y balbuciente por la ira, descompuesto, en fin, me senté en los escaños, sin acertar siquiera a fulminar contra mis crueles interruptores alguna frase envenenada, ni adoptar el bello gesto del gladiador caído. Desde entonces perdí mis entusiasmos por la política, tercié rara vez, y siempre con miedo, en las discusiones, y acabé por anularme por completo.

—Tamaña desazón—interrumpió Jaime—la sufriste, no por falta de aptitudes oratorias, sino a causa de haber navegado siempre por las aguas tranquilas de la exposición dogmática, jamás turbadas por el tumultuoso oleaje de las pasiones humanas y el choque de la oposición. Desconocías al hombre con sus intrigas, arterías y bajos apetitos, y, de improviso y sin preparación moral alguna, te encontraste de frente con el *político profesional, una de las más funestas producciones de la civilización europea.* Tu situación en aquel ambiente borrascoso del Parlamento era comparable a la del cazador que, sin haberse aventurado nunca en la selva, ni haber visto más fieras que las pintadas en las estampas de los libros infantiles, se lanzara de pronto a luchar con un tigre feroz sin otras armas que un grácil bastón.

Sólo contradiciendo y soportando contradicciones

en la edad juvenil llegan a adquirir los grandes polemistas esa flexibilidad de expresión y de entendimiento que les permite adaptarse rapidísimamente a los mil incidentes y fases de un debate, improvisando brillante rectificación con motivo de una frase escapada al impaciente adversario, y desconcertando, en fin, al interruptor con hábiles y fulminantes respuestas.

—No, Jaime...; creo firmemente que jamás habría prosperado en la política. Hay algo innato en la arrogancia y desahogo del tribuno. Menester es ser superior para sentirse superior. El arte y la educación sirven, sin duda, a encauzar y domesticar esa fuerza de la personalidad desbordante, esa voluntad imperativa y casi satánica del conductor de hombres, pero son incapaces de crear un átomo de energía moral. Además... en los medios pestilentes sólo se refocilan los microbios. Avergonzábame mi triste condición de estafermo político, y repugnaban a mi delicadeza las complacencias, lisonjas e indignidades con que en el bajo mercado del parlamentarismo, suele comprarse el medro personal.

Prosiguiendo mi relato, después de tan desdichados ensayos parlamentarios, sobrevinieron en mi familia graves contratiempos. Mi padre perdió en la Bolsa buena parte de nuestra fortuna, harto mermada ya con los generosos donativos a las fundaciones piadosas. Y para colmo de desgracia, meses después, un administrador en quien mi familia tenía puesta toda su confianza, se fugó a América con el importe de productiva finca, la única que nos quedaba.

Con semejante desastre estábamos arruinados. Mi

padre, muy anciano y achacoso, sucumbió del disgusto; mi madre, desgarrada por la pena, buscó consuelo en la religión, y yo, convertido inopinadamente en jefe del hogar y agobiado con el peso de las obligaciones de la casa, me ví compelido a trabajar, cosa en que jamás había pensado. Puesto que tenía un título de doctor en Derecho, parecióme lo mejor abrir bufete y consagrarme a las tareas del foro.

—Muy bien hecho. Y supongo que tus amigos, ricos e influyentes en su mayor parte, te dispensarían cordial protección proporcionándote pleitos.

—¡Ay, amigo mío! Aquellas duquesas que me aplaudían calurosamente en los Luises, aquellos correligionarios acaudalados que tanto celebraban mis campañas, dejaron de visitarme desde que averiguaron nuestra ruina. Ante mis solicitudes de protección, encogíanse de hombros y continuaron encargando sus demandas a los ex-ministros o a los caciques influyentes en vísperas de ser elevados a los consejos de la Corona.

En vano, pues, me inscribí en el Colegio de Abogados; inútil fué el encargarme de la defensa de no sé cuántos pobres ni que solicitara ahincadamente recomendación y amparo de los príncipes de la toga y del foro. Nada...; no caía un mal pleito de pan llevar, ni una miserable consulta para ir tirando!...

¡Aquello era desesperante! Ciertamente, no me faltaban entusiastas elogios, sinceros al parecer, de mis amigos, que se hacían lenguas de la brillante forma de mis defensas y de la copia doctrinal de mis informes. Ponderaban sobremanera las citas clásicas con que exornaba mis oraciones, sazonadas con definiciones de Santo Tomás y decretos de los Concilios; así como la rectitud y tino con que solía interpretar y traer al caso el correspondiente texto legal. Pero el éxito positivo, el que se cotiza en pingües honorarios y fama bien cimentada..., ese no llegaba jamás.

Pienso ingenuamente que aquí marró también mi educación. Criado en el odio y en la ignorancia de todo lo pecaminoso y reprobable, repugnábame extraordinariamente defender litigantes temerarios o canallas, y faltábame la frescura y arte teatral necesarios a pintar un foragido como un ángel de bondad y de inocencia.

Yo era un ingenuo, un carácter sin dobleces, sombras ni articulaciones. La impersonalidad y ficción constantes del ministerio forense me eran sumamente antipáticas. Idealista incorregible, hubiera yo querido desenvolver *no más el lado noble* y generoso de la misión del abogado. Así fracasé de nuevo...

Paso ahora a contarte lo más penoso..., el bochornoso suceso que ha dado ocasión a nuestro providencial encuentro... Y dispénsame si, al referírtelo, callo detalles del oprobioso ultraje, cuya evocación conmueve e irrita dolorosamente las fibras más íntimas de mi ser...

Contrariada mi pobre madre por la tardanza de mis éxitos forenses, y apremiando por momentos las insatisfechas necesidades de la vida material, resolvió casarme con una rica heredera. Claro es que yo, virgen en el ejercicio del derecho de elección, no había de salir entonces por el registro de escoger novia a mi gusto. Contraje, pues, matrimonio con una señorita huérfana, fea, histérica y antojadiza, pero dueña de pingüe dote en títulos de la Deuda. Tan brillante partido nos fué proporcionado por el padre Zahorí, consejero de mi madre y director espiritual de mi prometida.

Pronto me desengañé y se desengañó mi progenitora. En aquella casa, que no era nuestra, vivíamos como huéspedes. No disponíamos de un céntimo. Las considerables rentas de mi mujer consumíanse entre sus lujos, caprichos y dádivas piadosas. Criada en un convento y emparentada con las familias más beatas de la Corte, mi esposa compartía su tiempo y actividad en prácticas devotas, en asistir a las fiestas y oficios religiosos, en celebrar juntas benéficas y visitar frailes y conventos. De higos a brevas la veíamos en casa. Cuando mi pobre madre, torturada por la amarga decepción, la amonestaba suavemente por sus despilfarros y el injusto desdén con que me trataba, estallaban incoercibles sus histerismos, y sin la menor delicadeza nos echaba en cara nuestra pobreza, acabando por decir "que de lo suyo gastaba".

Yo debí haberme mostrado enérgico, constituyéndome en jefe efectivo del hogar y en administrador de los bienes de mi cónyuge; pero mi blandura de carácter y un resto de mal entendida dignidad me lo impidieron.

Magdalena—que así se llamaba mi mujer—estimábame como se estima un cuadro de mérito o un caballo de buena estampa. Lucíame a guisa de trofeo en iglesias y paseos. De afecto verdadero, ni asomos. Su corazón, saturado al parecer de amor divino, era incapaz de sentir el amor terrenal. Durante nuestras íntimas pláticas y querellas domésticas, sentíase vibrar detrás de aquella alma frívola una voluntad viril, extraña a los intereses del hogar, que se obstinaba en contrariar todos nuestros consejos y designios.

A fin de refrenar un tanto sus altanerías y derroches, recurrí a la autoridad decisiva del padre Zahorí; pero éste se inhibió del negocio diciendo que él no quería meterse en discusiones domésticas y asuntos de conciencia. Mi cuitada madre estaba desesperada: la hija solícita y cariñosa con que soñara, la que debía atender y cuidar los achaques de su doliente ancianidad, ¡le había resultado una egoísta y una ingrata!

Y ahora viene el doloroso y tremendo desenlace. Cuando yo menos lo esperaba, pues nos habíamos reconciliado relativamente, Magdalena, la esposa mística, el dechado de virtudes cristianas, abandona el hogar, huyendo al extranjero. ¡Y en qué odiosas y repugnantes circunstancias! La pérfida y desleal, aprovechando una ausencia mía, negoció los títulos de la Deuda constitutivos de toda nuestra fortuna, llevóse consigo sus alhajas, y partió de Madrid en compañía de cierto caballerete romántico, vate melenudo y cofrade fervoroso...

Y héteme aquí, en París, deshonrado, miserable, sangrando el corazón por la reciente pérdida de mi

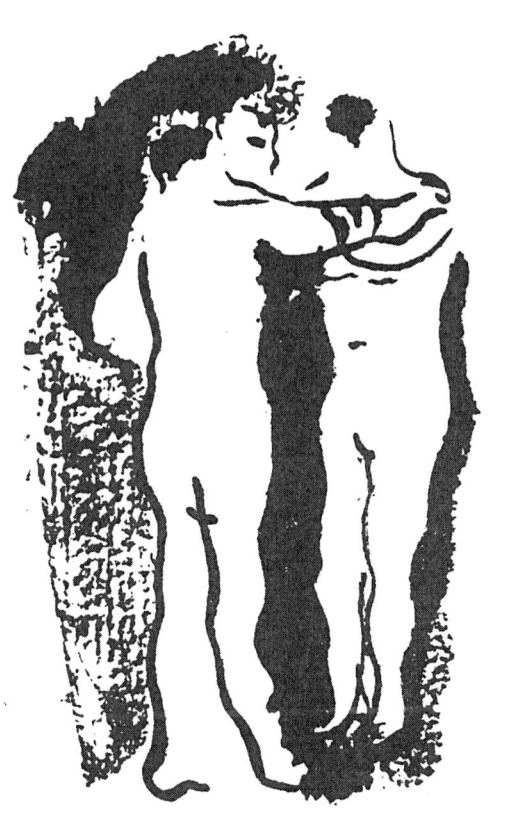

publicaciones
—goya—

madre, y en busca de la adúltera, cuyo paradero necesito averiguar para entablar pleito de divorcio y recabar, ¡vergüenza me da decirlo!, la parte de sus rentas que, según ley, me pertenece. Limosna vil, deshonrosa, cuya demanda lastima infinitamente mi amor propio..., que rechazaría con altivez si yo supiera hacer algo..., si yo fuera capaz de trabajar con éxito y alcanzar esa independencia económica, sin la cual decoro, dignidad y satisfacción del sentimiento de la propia estima son vanas palabras...

Yo no sirvo para nada... Tengo la memoria atiborrada de bellas frases, de fórmulas, de definiciones y clasificaciones: ¡palabras, palabras y palabras!...

Pero en la sociedad moderna no se medra con tropos ni se cotizan las bellas cosas que se pueden decir, sino las cosas útiles que se saben hacer. Y lo más triste es que, para consolarme, no me queda ni siquiera la fe, casi naufragada ante el desolador abandono de mis amigos y correligionarios, los mal disimulados desdenes de mis confesores y la indiferencia general de la sociedad.

He terminado mi narración. Con el alma te ruego vengas en mi ayuda. He declarado que estoy en crisis de ideas. Créeme: el autómata ansía moverse por sí y está pronto a echar enhoramala a cuantos maeses Pedros manejaron los hilos de su voluntad y de su acción.

—Has sido víctima—respondió Jaime—de la artificialidad de la educación. Mas, por fortuna, tu mal tiene remedio. La crítica atinada con que has juzgado las causas de tus fracasos y desgracias testi-

monian que, por milagro extraordinario, el daño no
ha llegado a comprometer lo más íntimo y vital de
la máquina del pensar. Las cabezas, como los molinos, producen en razón de lo que se les da. Te
alimentaron con ficciones y elaboraste fantasmas. Has
vivido hasta hoy en tinieblas, como los hombres de
la caverna de Platón, desterrado de los dominios
de la verdad, y sólo has comenzado a ver la realidad
cuando ella misma ha llamado reciamente a las puertas de tu conciencia. Aplaude de todas maneras tus
desventuras. Sin ellas seguirías todavía dormido. Y
puesto que tus facultades críticas no han naufragado,
yo procuraré robustecerlas.

Pero antes de proponerte el plan que necesitas,
voy a contarte, según te ofrecí hace poco, mi propia
vida, de la cual no conoces sino algunos pocos epi-
sodios. En ella encontrarás, si lo meditas incera-
mente, una lección y un camino.

Nací en una aldea del Pirineo, de padres humil-
des, modestos pejugaleros, que no pudieron dar a
sus hijos otra instrucción que la de la escuela mu-
nicipal.

En cuanto supe leer y escribir, la dura necesidad
obligó al autor de mis días (pues tenía seis hijos
más) a acomodarme de zagal en las majadas de un
rico ganadero del lugar. Y cátate a un rapaz, de once
años escasos, que había entrevisto en la escuela el
luminoso cielo del saber, reducido al humilde oficio

de guiar por los puertos y prados comunales un rebaño de hasta trescientas reses, en tanto que padre y hermanos sudaban la gota gorda en la llanada, laboreando campos de pan llevar, huertos y frutares.

Desde entonces mis ideas y pensamientos se fueron transformando.

Por fortuna, en mis alentadoras esperanzas y ambiciones de una vida más intelectual y conforme a mis gustos, me socorría y confortaba a menudo el maestro, cazador infatigable y excelente varón, que al encontrarme en el monte solía decirme, después de regalarme algún librejo:

—"Jaime, sabes que te estimo y he cifrado siempre en ti las mejores esperanzas. Mira... no pierdas, por Dios, la costumbre de leer, ni te amodorres en esa bestial inadmiración de las cosas, a semejanza de tus infelices camaradas de aprisco. Ten presente que naciste—yo te lo fío—para ser algo más que zafio pastor. Poco he de poder o acabaré por hallar persona que se interese por tu suerte y te costee una carrera. Espera, pues, sin impaciencia, y trabaja entre tanto. Vivir entre rocas y árboles no es vivir solo. En torno tuyo se extiende el infinito, es decir, la realidad eterna, con sus inagotables maravillas. Explora este pequeño mundo, aunque al principio caigas en groseras ilusiones. Lo esencial es que adquieras el hábito de mirar y de escuchar, de atender y de abstraer, de ver lo grande en lo pequeño, y referir los efectos a sus causas."

Por suerte, sus cariñosas advertencias cayeron en un alma despierta y ambiciosa. Y así, le prometí cordialmente no enmohecer mi naciente entendimiento.

El campo es, según decía el maestro, a la vez museo y biblioteca, y en él pueden hallar sabrosa ocupación y noble empleo todas las facultades del espíritu. Mi escenario era un valle elevado, encuadrado de cimas abruptas coronadas de perpetuas nieves. Hacia arriba divisábase el cielo de azul obscuro, angostado y recortado en la línea del horizonte por las sinuosidades de los picos gigantes; mientras que allá en lo hondo, es decir, hacia el mundo habitado, desataba el río sus mugidores raudales, que fecundaban prados y huertos, y lamían los pobres y pardos caseríos del brumoso lugar.

Como consecuencia de tan primitivas pero insistentes observaciones, despertóse en mí el gusto por la Naturaleza, y fué progresivamente desenvolviéndose la memoria organizada o lógica, y el espíritu crítico. Reflejo fiel de la realidad viva y palpitante, mis percepciones e ideas clasificáronse y asociáronse según las relaciones normales de los objetos del mundo exterior.

Los frutos logrados durante aquellas ingenuas y primitivas exploraciones me han persuadido después, coincidiendo con educadores ilustres, de que no hay más que un buen método pedagógico: *conducir al alumno a la contemplación directa de la realidad,* guiándole por el mismo camino (salvo las abreviaciones y simplificaciones reclamadas por los apremios del tiempo) recorrido por la evolución histórica de la ciencia. En mi sentir, sólo la realidad es fuente de ideas luminosas, de ideas fecundas, capaces de dar frutos de acción. Y *tengo por insuperable al maestro que, desenvolviendo las facultades de observación del educando, sabe infundir en éste la ilusión de haber logrado descubrir en las cosas algún parvo detalle escapado a la sagacidad de los primeros exploradores.*

Claro es que de todas mis ideas y sentimientos de adolescente era incansable y suavísimo promotor aquel excelente maestro de que antes te hablé, don Enrique Fernández, un filósofo que, por haber quedado huérfano y sin recursos al promediar la carrera de Ciencias, se vió obligado, para subsistir, a revalidarse de maestro y arrinconarse en un pueblo. Pero él había cobrado cariño a su espiritual ministerio y lo ejercía como el más augusto de los sacerdocios. *"Ya que yo no he podido ser sabio, quiero hacer sabios"*, nos decía. Prendado de mi seriedad y del interés y profunda atención con que oía sus lecciones, habíame cobrado un afecto más que paternal. Y así, no se pasaban dos semanas sin que, a pretexto de cazar liebres o sarrios, no viniera a visitarme a mi selvático retiro.

Grande era la satisfacción de mi progenitor intelectual cuando, al curiosear mis notas y cuadernos, advertía cómo se *desarrollaba* progresivamente en su discípulo predilecto el gusto por las observaciones precisas y ordenadas. Admirábase de que un rapazuelo pastor, sin más profesores que la luz, ni otros modelos que los objetos naturales, hubiera aprendido a dibujar bastante regularmente. Y para alentarme en esta vía fecunda, solía decirme: "que *dibujar es analizar, disciplinar la atención errabunda,* observar corrigiendo y meditando".

Siempre me acordaré conmovido de su última visita a la majada. Acababa de hacer brillantes y victoriosas oposiciones a una plaza de profesor en la Escuela Normal de la capital de la provincia, y debía abandonarme acaso para siempre.

Estábamos sentados en lo alto de un estribo granítico, desde el cual se descubría en lontananza el brumoso valle del lugar, y allá, en las violadas lejanías, la sierra de Gratal, que separa la fría y verde región de las montañas pirenáicas de las tibias y doradas llanuras donde verdea la vid y fructifica la higuera. Una sombra de esa misteriosa y solemne tristeza que exhala el declinar de las cosas y la separación irremediable de los corazones, anublaba los ojos del maestro.

—Hijo mío—exclamó tomando paternalmente una de mis manos entre las suyas y poniendo en su voz inflexiones de infinita ternura—: yo me voy a la ciudad a recoger el fruto de mis afanes, pero no te abandono. Desde allí velaré por tu educación; te enviaré libros científicos y trabajaré para sacarte de la penosa situación en que te encuentras. Con el interés y calor que puedes suponer, te he recomendado al alcalde y al médico y he interesado en tu favor al diputado del distrito. Milagro será que entre tantos valedores no acertemos a hacerte hombre, poniendo, al fin, de acuerdo tu vida y tu vocación.

Continúa estudiando y estudia por ti. *Haz caso de lo que dicen los libros; pero ten en más lo que dice la Naturaleza, modelo de los libros.* Considera que tu porvenir depende del grado de independencia y originalidad con que juzgues de la realidad del mundo. *En la máquina social hay que ser motor, no rueda; personalidad, no persona. Sé tú, no los demás.*

Presumo durará poco tu aislamiento. Mas si, contra lo que espero, se prolongara varios años, correrías dos riesgos graves, contra los cuales deseo prevenirte: la torpeza verbal por desuso, y el individualismo egoísta y cerril.

Contra el riesgo primero, apela sin temor al monólogo, a la lectura en voz alta, en fin, a la ficción de conversaciones, conferencias y polémicas. Supón que tus cabras son concurso de gente y esta peña sitial de donde les diriges la palabra, exponiendo tus observaciones y progresos en las ciencias físicas y naturales. Ni tengas inconveniente en platicar y discutir con tus compañeros de aprisco y con los carabineros y contrabandistas que frecuentan estas soledades. Hasta la contradicción necia y la obstinación ignorante pueden sugerir ideas luminosas.

El hombre es un ser social cuya inteligencia exige para excitarse el rumor de la colmena. No hay ser más solitario e individualista que el infusorio, y sin embargo, necesita de vez en cuando conjugarse con otro ejemplar de su especie para no perecer. Así son los entendimientos: *si no se conjugan, languidecen y mueren.* En fin, escríbeme a menudo, no sólo para consultarme dudas, sino al propósito de ejercitarte en la composición y soltarte en la sintaxis. No olvides que en la ciudad la fortuna y el señorío pertenecen al que habla o al que escribe. La estimación granjeada depende, antes que de saber, de persuadir que sabemos. *Hay que hablar bien para que nos quieran bien,* y, sobre todo, para inspirar confianza. El hombre excesivamente callado, cuando no pasa por tonto infunde recelo; en su enigmático silencio vemos algo del amenazador reposo de la víbora o del engañador espejismo del agua mansa.

Tu segundo riesgo consiste en el individualismo arisco y displicente, en el endiosamiento antipático. Combate semejante tendencia como a tu mayor enemigo. Jamás olvides que tus talentos no valen sino por la sociedad y para la sociedad; piensa que, a pesar de tu aparente aislamiento, eres una célula del organismo nacional que te sustenta, educa, ilumina y protege. El actual extrañamiento de la vida civilizada y superior representa la fase necesaria de tu evolución espiritual.

Termino, hijo mío, e insisto una vez más en mi tema. Careces de fortuna; has venido al mundo cuando ya el planeta estaba repartido. Pero no desfallezcas; si positivamente vales, si hay en ti algo de esa energía del conductor de pueblos o despertador de almas, no faltarán gentes que cultiven tierras, tejan estofas y eleven palacios para ti. Como los soldados de Napoleón, tú llevas también en la mochila el fajín de general. Mas para que la sociedad te alce sobre el pavés, hay que crear algo grande e indiscutible; es preciso luchar y vencer. Y antes de requerir las armas contra el mundo, vuélvelas contra ti mismo convertidas en herramientas de escultor. Esculpe tu cerebro, el único tesoro que posees.

Careces de campos que cultivar y de jardines en que solazarte; laborea, pues, el campo del entendimiento y adorna y engalana el jardín de la fantasía. Riquezas son estas que no podrá arrebatarte nunca la codicia humana. Procura, pues, ser un Creso en ideas; sobrarán personas que te las compren. Cuando no el interés y la industria, te las solicitarán la bobería o la holganza, pues todavía no se han resignado los hombres a parecer lo que son. Y baste por ahora con lo dicho. Adiós, hijo mío."

Y el noble anciano, en un transporte de paternal ternura, besóme en la frente, y después de enjugar una furtiva lágrima, desapareció por el empinado sendero. Al través de mi emoción, parecióme que la cabeza del maestro adquiría al alejarse nimbo de luz, y declinaba en el horizonte cual lucero de la tarde. En cuanto su imagen se eclipsó, escribí afanoso sus consejos, indeleblemente grabados por el entusiasmo en mi memoria. Por eso los recuerdo hoy tan puntualmente...

Al revés que tú, estudié primero las cosas, luego los libros; con que éstos ilustráronme sin sugestionarme y torcerme. Cuando llegó la época de los sistemas científicos o filosóficos ocurrió lo predicho por el maestro: la razón, vigorizada y suficientemente preparada, pudo reaccionar conscientemente en contra o en favor de los mismos. Sabido es que las hormigas rojas o esclavistas, cuando salen a campaña, pillan los hormigueros de sus homónimas negras, arrebatando y secuestrando a las infelices larvas que, al desarrollarse en el ajeno nido, se encuentran esclavas sin sospechar siquiera que nacieron para libres. Gracias doy a la fortuna y a mis maestros por haberme dejado ser lo que Naturaleza quiso que yo fuera, preservando mi voluntad del secuestro que imponen para siempre en la vida mental, ora las hormigas rojas, ora las hormigas negras...

—¡Brava comparación que a mí, ignorante hasta de los rudimentos de las ciencias naturales, no se me habría ocurrido!

—*Cuanto más reflexiono sobre el problema de la educación, más me persuado de que el cerebro humano no está construído para ajustarse a los libros, sino a las cosas.* Atenido a la copia macilenta del mundo estampado en la hoja de papel, el niño retiene y comprende mal, porque la atención, mordiente o fijador de la idea, no obró con el vivo resplandor de la percepción directa, sino con el pálido claror de los símbolos y de las fórmulas abstractas. Al través de las cabezas humanas se ve el hombre, no la realidad objetiva del Cosmos. Tengo para mí que entre el concepto vivo, automática y gallardamente surgido en el cerebro por la contemplación directa de los fenómenos, y el provocado por las desvaídas y mutiladas descripciones de los textos o de los profesores, existe mucha más diferencia que entre una fotografía del natural y una fotografía de fotografía. Perdido el contacto con la Naturaleza, la máquina cerebral trabaja con ecos y sombras, y así salen de falsas, entecas e incoloras sus construcciones.

Frisaría yo apenas en los catorce años, cuando cierto día visitó mi amo sus corrales y ganados. Noticioso de las extrañas aficiones de su zagal curioseó, en ausencia mía, los citados mamotretos, y quedó sorprendido al repasar tantas descripciones y dibujos. A mi regreso del monte me preguntó, señalando los abultados cuadernos:

—Muchacho, ¿quién te ha enseñado estas cosas?

—Me las enseñaron, en primer término, el maestro, algo los libros y un poco la experiencia.

—Pero, ¿cómo ha nacido en ti curiosidad tan impropia de tu edad y oficio?

—¡Toma!... ¿Acaso cielos y montañas, árboles y flores, no se criaron para ser admirados y conocidos? En la soledad de la sierra ellos parecían mirarme como quien desea ser interrogado, y yo les interrogué, logrando, a fuerza de paciencia, entender un poco su lenguaje de gestos y entrever algunas páginas de su vieja y maravillosa historia...

En conclusión, mi amo, a la sazón alcalde del lugar, y a quien había prevenido mi querido maestro, me sacó de la majada, consiguiendo poco después, con gran regocijo mío y de mis padres, que el Ayuntamiento acordara costearme una carrera literaria.

Deseaba yo escoger la de ingeniero o de médico; pero, desgraciadamente para mis gustos, el amor maternal, tan grande y abnegado como celoso, intervino torciendo mi vocación. Mi madre, nostálgica de ternura filial (a la sazón compartida con varias nueras, pues mis hermanos eran casados), quería hacer de su Benjamín un eterno célibe, esto es, un sacerdote, a fin de vivir en su compañía y acaparar su corazón. Y así, torciendo mi rumbo, ingresé en el Seminario conciliar oscense; y lo hice con todas las apariencias exteriores de la sumisión, pues por nada de este mundo habría dado a mis protectores el triste espectáculo de una rebeldía filial. Acariciaba, empero, la esperanza de emanciparme más adelante, en cuanto se me deparase circunstancia favorable.

¡Qué alegría cuando cayeron en mis manos los libros de Historia Natural, de Física, Química y Matemáticas! Y ¡cuán noble y legítimo orgullo al hallar en sus páginas plenamente confirmadas mis rudimentarias observaciones, y resueltos de admirable manera mil problemas interesantes inaccesibles a mi inexperta inteligencia!

Mi fervor por las obras de Teología, Historia sagrada y Filosofía dogmática, fué menos vivo. Ciertamente hallé en ellas excelentes doctrinas morales, trozos de elocuencia arrebatadora, ingeniosísimos artificios dialécticos para conciliar los postulados de la experiencia con la verdad revelada; arranques sublimes del amor místico desdeñoso de la tierra y orientado como las flores hacia la celeste luz; pero me sorprendieron también ideas y tendencias que casaban mal con la tonalidad intelectual y afectiva de mi espíritu.

La esquivez notoria, aunque inconfesada, de los dogmáticos hacia la verdad científica, junto con su desconfianza excesiva en las fuerzas de la razón individual, llenábanme de confusiones. ¿Por qué recelar de la ciencia, interpretación lógica y humana de la obra de Dios y desconfiar de la inteligencia del hombre, reflejo de la divina? Al fin y al cabo, también la lógica es una revelación de lo Alto, una Biblia universal innata, anterior y posterior a todas las Biblias!...

—Sí, pero habrás de convenir en que esa Biblia tiene una lectura bien difícil y peligrosa...

—Es verdad; mas yo, que adoraba la incomparable moral del Evangelio, alimentaba entonces la candorosa ilusión de cimentarla en el terreno firmísimo de la ciencia.

Gradualmente, lo más sano y robusto de mi ser mental reaccionó contra las enervadoras y deprimentes cavilaciones. Y pasó la grave crisis psicológica... Vuelto al amor de la vida, acabé por hallar en esos grandes espejismos de la religión y de la filosofía cierta lógica profunda, la *lógica del error necesario, del error educador.*

Afortunadamente, por extensas y densas que sean las nieblas de la filosofía, no suelen descender del cerebro a las manos. Si a la hora de pensar dudamos, a la de obrar sentimos claro que, sea cual fuere el Principio rector del Universo y de la vida, este Principio no puede abominar de su obra ni dejar de mirar con propicios ojos cuanto tienda a impulsarla hacia el amor, el progreso y la paz. Por donde se colige que amar a los hombres, disculpar y comprender sus yerros, esclarecer su inteligencia, vale tanto como secundar el pensamiento del Incognoscible, querer lo que quiere Dios...

publicaciones
goya

Y al meditar en esta hermosa y redentora empresa, pronto eché de ver que la hipótesis religiosa tenía aún una gran misión que cumplir: fundar la democracia sobre el supuesto inverosímil, pero salvador, de la existencia e igualdad esencial de los espíritus; consolar al desgraciado, ínterin llegan los tiempos venturosos de la justicia humana; disipar los sombríos terrores de la muerte con la bella ilusión de una espléndida y definitiva aurora; dulcificar progresivamente, mediante la sugestión constante de la caridad y el altruismo, los fieros impulsos heredados por el hombre de las más bajas formas de la animalidad; conservar, en fin, la vida fuerte, jovial y serena hasta que alboreen los dichosos días en que sea instinto infalible el bien, tendencia innata la justicia y poesía, y belleza excelsa la verdad...

—Estoy verdaderamente maravillado de lo que dices.

—Hallaba además rudas, primitivas y esencialmente materialistas la teodicea y la moral del pueblo judío. Por demás antipáticos e intolerables me parecían en esta raza su pretensión de ser la nación escogida de Dios, sus veleidades y apostasías, su desdén altanero hacia las demás naciones, su bárbaro aborrecimiento de la cultura egipcia y griega, y por encima de todo su falta de ternura y de piedad...

—Sorpréndenme tus palabras...; presumía que, a semejanza de todos los racionalistas, tú eras entusiasta de los judíos y admirador de su saber.

—Te equivocas de medio a medio. Yo pongo por encima de mi cabeza a los judíos ilustrados emancipados de la sinagoga, incorporados moral y material-

mente a la patria en que viven; a los que colaboran
en la gran empresa de domeñar las fuerzas naturales
y escrutar los hondos secretos de la vida...; pero
a los otros... a esos que se consideran todavía raza
superior y continúan esperando su Mesías vengador,
y, hostiles a la sociedad de que forman parte, se
someten a ella exclusivamente para ser sus gerentes
y cajeros, sus orondos e inaprensivos burgueses... a
esos... téngolos por una lepra de las nacionalidades
europeas.

—¿De modo que hallarías de perlas su antigua
expulsión de los dominios españoles?

—Creo que si las avaricias, sordideces y egoísmos
antipatrióticos de que se les acusaba fueron ciertos,
prudente y acertada medida social fué su destierro;
empero se cometió *un error inexcusable y de gravísimas consecuencias económicas al no haber pro-
movido con tiempo entre los españoles de casta la
afición al comercio y a las industrias,* monopolizadas
entonces por los israelitas; con que una nube de
comerciantes, banqueros y contrabandistas flamencos,
genoveses y franceses, cayó sobre la nación, explo-
tando nuestro necio orgullo de hidalgos manirrotos
y dejándonos sin blanca...

Según te contaba, mi estado de alma vino a ser
inconciliable con la profesión sacerdotal. Por lo
cual, al finalizar el cuarto curso de latín y de
filosofía, resolví valientemente ahorcar los hábi-

tos de clérigo en ciernes; y procedí a ello sin ruido, evitando polémicas enojosas y alardes de incredulidad rebelde y petulante. A todos oculté, pues, mi designio, despidiéndome con pena de aquellos camaradas tan buenos y cariñosos, así como de mis venerados profesores, quienes, llenos de ingenua bondad, veían quizás en mis aficiones filosóficas y aplicación celosa al futuro predicador y ardoroso catequista.

Naturalmente, mis padres, llenos de enojo, condenaron enérgicamente mi resolución. En vano intenté convencerles de que el médico, el ingeniero o el abogado, laboriosos y honrados, suelen ganar bastante más que un obscuro sacerdote de aldea, y pueden ser, por tanto, más espléndidos y generosos con los suyos. Ni fué bastante poderosa a aplacar el enojo paterno la sentida carta de mi antiguo preceptor y maestro, en donde se justificaba el cambio de orientación con mil razones persuasivas y se hacían felicísimos presagios para el porvenir. Sin embargo, mi entereza, superior a las sugestiones del sentimiento, no se doblegó; antes bien, resuelto a no perder el tiempo en vanas disputas, al final de aquel verano incorporé al Instituto las asignaturas cursadas en el Seminario para adquirir el diploma de bachiller.

Entre tanto, ocurría en el lugar grave contratiempo. El alcalde, árbitro del Ayuntamiento y generoso protector mío, falleció súbitamente, y el tacaño del cabildo, a pretexto de que yo era un rebotado y una mala cabeza, me suprimió la pensión. Pero mi rumbo estaba trazado. Provisto de una carta de recomendación del maestro y del dinero estrictamente preciso para el viaje, plantéme en la Corte decidido a cursar como Dios quisiera la carrera de ciencias o de ingeniería.

Héteme, pues, en la Villa del Oso, dueño absoluto de mi persona y de unos treinta reales sobrados del camino. Por fin, no sin pena y sin lucha, había descartado para siempre todas las sugestiones que me esclavizaran a la familia y protectores. En adelante iba a ser lo que los ingleses llaman un *self made man*, un *hombre que se hace a sí mismo*. Mas como sea imposible tallar almas sin alimentar cuerpos, debí preocuparme inmediatamente de la nutrición del mío.

Perdido, a mi arribo, en el torbellino de la Puerta del Sol, contemplaba atónito aquel mar de seres humanos indiferentes y trafagosos: el *desierto de hombres* que vió Descartes en Holanda.

Pero yo no tenía derecho a menospreciar a aquellas gentes hoscas y bullidoras. Algunos quizás de los que esquivaban desdeñosos mi provinciano chaqué y mi sombrero de antigua hornada, guardaban en su bolsillo las dos generosas pesetas que yo necesitaba para vegetar un día. Forzoso era, pues, ponerse en contacto con aquel oleaje humano, en donde bien podía haber, a despecho de la frialdad y calma aparentes, algún calor de humanidad y compasión.

Merecía sin duda protección y amparo, porque no llegaba al campo común del trabajo cual un parásito, sino como semilla humilde, traída por los azares del viento, y que implora de los miles de plantas humanas acaparadoras del suelo y de la luz, un terroncito libre donde esponjar los cotiledones de su cuerpo, y un portillo angosto para mirar al cielo y elevar la modesta flor de su alma...

Lᴀ carta de recomendación de mi mentor surtió algunos buenos efectos. El director del colegio de primera y segunda enseñanza a quien iba dirigida, tenía completo el cuadro de profesores, y solo pudo proporcionarme un modestísimo puesto de acompañante de los externos de familias ricas y algunas lecciones particulares que me produjeron estrictamente lo preciso para vivir.

Menester fué buscar en otra parte el dinero necesario para costear matrículas y comprar libros de texto. A fuerza de explorar y preguntar, y después de pasar meses de verdadera angustia, topé al fin con un modesto industrial que necesitaba precisamente un tenedor de libros sin pretensiones. Ajustéme con él por el módico salario de ocho duros al mes, pero a condición de que el trabajo había de efectuarse por la noche, cuando yo hubiera satisfecho mis demás obligaciones.

Viento en popa marcharon mis asuntos durante el segundo año. Aprobado y con premio el curso preparatorio, en los siguientes ahorré el dinero de las matrículas. Progresivamente aumentaron mis ingresos. Mi aplicación y docilidad hallaron gracia a los ojos del director del colegio, quien me confió una plaza de profesor interino de Física y Matemáticas, con veinticinco duros mensuales. Poco después ganaba por oposición en la Universidad el modesto pero utilísimo puesto de Ayudante de clases prácticas. ¿A qué seguir?...

Baste saber que, a los seis años de estancia en la Corte acabé dos carreras, la de Ingeniero y la de Ciencias, con excelentes notas; habiendo tenido la dicha de granjear la estimación de mis maestros, que se hacían lenguas de mi entusiasmo por la observación y de mi celo docente nunca desmentido. Se me señalaba ya como uno de los maestros de las futuras generaciones y como una legítima esperanza de la investigación científica.

Yo debí seguir el rumbo marcado por mi vocación y mis aptitudes: estudiar y resolver, en la medida de mis fuerzas, los arduos problemas de la Mecánica, de la Física y de la Química, en sus relaciones con la industria, esa hada prestigiosa a que deben su riqueza y poderío todas las grandes naciones; mas, ¡ay! los irresistibles atractivos de la vida social, el *culto sensual a la mujer, enfermedad esencialmente española* desconocida casi de los fríos y laboriosos hombres del Norte, y la *manía enciclopédica, que esterilizó siempre el esfuerzo de nuestros más altos pensadores,* dispersaron mi actividad apartándome del sano, del útil, del regenerador camino de la producción científica e industrial.

Luego que regularicé mi situación económica con un honroso puesto en el profesorado, fué mi primera preocupación completar mi cultura con el estudio de la filosofía moderna y singularmente del positivismo

inglés y evolucionismo científico. Tales lecturas fué-
ronme altamente provechosas, siquiera me distrajeran
de mis habituales tareas, ya que refinaron y for-
talecieron mis facultades críticas; lo malo estuvo en
que me trajeron una convicción, y caí, según suele
suceder, en la ridícula manía de inocularla a los
demás, entablando al efecto apasionadas polémicas
en Revistas, Círculos políticos y Ateneos. A tales
campañas de propaganda contribuyeron no poco
ciertos amigos harto oficiosos que deploraban o fin-
gían deplorar el que un expositor de mis alientos,
y dotado además de sobresalientes aptitudes oratorias—en sentir de ellos, naturalmente—, vegetase
obscurecido entre libros, redomas y chirimbolos de
física. "Los sabios, me decían, deben descender al
gran público y haœr obra de transcendencia
social".

Convendrás conmigo en que no es tarea muy glo-
riosa persuadir a persuadidos, evangelizar a obscuros solitarios cuyas creencias tradicionales se des-
hicieron por el lento socabar del autodidactismo, y
la piqueta demoledora del espíritu crítico.

Otro de los motivos que más contribuyeron a
hastiarme de las infecundas lides de la palabra fué
la habitual e irremediable insinceridad de los perora-
dores de oficio. Contra lo que yo suponía, el orador
suele ser, no el pensador ni el científico, sino el
abogado. En sus labios, dioses y almas, materia y
fuerza, evolución y regresión, error y verdad, representan pleitos que hay que ganar a todo trance.

Unicamente a infelices doctrinos como nosotros
podía ocurrírsenos contender de buena fe e indig-

narnos de verdad con tan aprovechados vividores. ¡Insigne bobería enronquecer y congestionarse a fuerza de apóstrofes y de gritos, cuando notorio era que los jefes de escuela representaban ridícula comedia! Porque en aquella parodia de Concilio definidor, los cucos y desenfadados, que eran los más, jamás se propusieron otra cosa que lucir ingenio y facundia, solicitando de paso de los padres graves de la política (que se dignaban sonreír a la juventud desde los escaños), codiciada diputación a Cortes o pingüe sinecura.

Enhebrando el hilo tantas veces roto de mi historia, seguiré contando que un año después del desencanto oratorio, mi atención, de suyo inquieta y tornadiza, fué atraída vivamente por algo más serio y digno que metáforas y sinécdoques; refiérome al espectáculo del dolor y de la miseria de las clases desheredadas. Al ojear febril y conmovido los elocuentes libros de los apóstoles de la justicia social, mi espíritu sufrió recia sacudida moral solamente comparable con la recibida años antes durante mis lecturas del Seminario.

Por vez primera, mi razón, embotada por la costumbre, sorprendió, al través de la decorosa apariencia de una organización democrática y altruista, las crueldades e insidias del barbarismo ancestral, del individualismo cerril y anárquico, en cuya virtud cada voluntad pugna por satisfacer egoísticamente sus apetitos más innobles, sin miramiento alguno con los débiles y desvalidos, sin distraerse un momento para conspirar por la armonía y felicidad del conjunto.

Quizás no existe pueblo más individualista, más particularista, más *kabilista* que el nuestro, y ya ves el pelo que nos luce. En la mecánica social, como en la mecánica física, el trabajo útil representa el efecto, no de las fuerzas dispersas, sino de la energía encauzada y dirigida hábilmente hacia un fin previsto.

—Si ello es así—y tus razones son irrebatibles—, ¿a qué causas obedece el *funcionarismo* o la *empleomanía*, enfermedad incurable de los pueblos mediterráneos?

—Por lo que hace al *funcionarismo,* opino que no se relaciona directamente con la tendencia socialista o individualista de las razas, sino que *representa sencillamente la triste consecuencia de la miseria nacional* y el fruto amargo de la ineducación y de la incultura.

Se me argüirá quizás que la hipertrofia física y mental del ciudadano conduce necesariamente al culto del rebaño y al civismo heroico y desinteresado. Natural parece que la mayor potencia productora del individuo determine superior capacidad tributaria; mas, ¿traerá necesariamente esta prosperidad económica la aptitud para el sacrificio personal? En un pueblo donde la vida sea harto fácil y agradable, ¿no se engendrará la pusilanimidad y la poltronería, amén de la indiferencia política? Quien pueda prescindir del Estado, ¿se sacrificará por el Estado? ¿Sabrán morir los que tan bien aprendieron a vivir?...

He aquí el árduo problema de la educación, que no consiste únicamente en fabricar grandes productores, sino productores patriotas. Por seguro tengo que si contemporáneamente con el cultivo intensivo del *animal humano,* no acertamos a infundir en éste un vivo sentimiento de afección hacia el terruño y patrimonio intelectual y moral de la raza; si con la libre expansión de sus actividades no sugerimos a la juventud, por sabio y prudente contrapeso, la religión del deber y de la disciplina..., algo, en fin, de ese sentimiento comunista tan antipático a nuestros demócratas, obtendremos quizás la copiosa cosecha de eruditos, de *dilettantis* de la política y de la ciencia, de orondos y salutíferos burgueses, pero nada parecido a un cuerpo social robusto y sinérgico, susceptible de reaccionar viril y triunfalmente contra todo linaje de agresiones exteriores.

En conclusión; la grandeza y esplendor de un pueblo representa la síntesis augusta de las abnegaciones y heroismos individuales, el sublime florecimiento de una planta tan delicada y exigente que sólo prospera regada con la sangre de los héroes, e iluminada con el cerebro de los sabios. Las patrias prepotentes surgen y culminan en la historia como del fondo del mar emergen las islas de coral, coronando robusto pedestal labrado secularmente por innumerables y abnegadas existencias.

—Tus reflexicnes me sugieren la explicación de un fenómeno que jamás acerté a comprender satisfactoriamente: la poca fortuna de nuestros sabios y pensadores en el campo de la investigación personal. Saben pensar, pero se fatigan pronto, porque les falta sin duda el alimento dinámico de las santas obstinaciones, a saber: anhelo de gloria y amor a la patria. Porque presumo—y a tu experiencia apelo—que en lo tocante a las dotes del espíritu, nuestros maestros compiten ventajosamente con los más eximios sabios europeos.

—Y presumes bien; y te lo fía quien, por razón de oficio ha tenido ocasión de tratar íntimamente a no pocas lumbreras de la ciencia internacional. Sabe, caro amigo, que los intelectuales españoles son tan *listos, ¿qué digo? mucho más listos* que sus cofrades ultrapirenáicos, y aun me adelantaría a decirte, si no temiera abusar de tu credulidad, que, por pasarse de perspicaces y de *prácticos,* recogen escasos laureles en el jardín de la investigación.

—Estimo que nos perjudica también la sobra de imaginación.

—Creo más bien que somos demasiado equilibrados y prudentes para que la loca de la casa haga de las suyas. Y suponiendo que superemos a los extranjeros en imaginación, no nos daña el exceso de tal facultad, sino el mal uso que de ella hacemos, utilizándola en urdir frases pomposas en vez de emplearla en forjar hipótesis fecundas.

publicaciones
goya

ARRASTRADO por el automatismo de la asociación de ideas, me he desviado de mi camino, y
debo volver a él.

—De lo que me considero principal responsable,
pues he interrumpido tu relato con inoportunas y
enfadosas interrogaciones. Perdona mi indiscreta
curiosidad... y prosigue.

—Pues, según te decía, con ser mi programa socialista asaz mitigado, inofensivo y parsimonioso,
me procuró la enemiga de las escuelas liberales tur-
nantes en el poder. Mi última y más reñida campaña (que debes tener presente, porque te di ocasión
para romper gallardamente una lanza en defensa de
la Iglesia), versó sobre la libertad de enseñanza.

—Sí, ya caigo...; aquel artículo tuyo tan acerba-
mente comentado por la Prensa.

—Y, sin embargo, persisto en creer que me asistía
la razón, por lo menos desde el punto de vista de
la defensa del Estado liberal.

—Lo recuerdo.

—Afirmaba yo que, dentro del régimen democrá-
tico, todas las libertades son sagradas menos una:
la de negar la libertad; todos los actos colectivos
legítimos menos éste: el suicidio de la clase directriz.
Sabido es que la colectividad social, al modo de los
individuos, encierran dos personalidades: la *actual*,
dotada de derechos y deberes, y la *potencial*, es decir,
la persona futura que sólo tiene derechos. Lo que,
hablando en romance, quiere expresar que la nación,

encarnada en la clase soberana, debe garantizar con igual esmero y pulcritud los privilegios de los ciudadanos contemporáneos y los del porvenir,. en cuyo nombre ejerce piadosa e inalienable tutoría.

—Sin embargo, querido Jaime, te confieso que en aquella discusión parecióme que la verdad estaba de parte de tus impugnadores. Tu argumentación hubiera sido impecable, a mi juicio, *si los Institutos religiosos se arrogasen el privilegio exclusivo de educar y adoctrinar a la juventud;* pero, ¿acaso no queda el campo libre a la concurrencia laica? ¿Quién puede estorbar a la iniciativa privada la creación de instituciones de enseñanza regidas por seglares o por preceptores católico-liberales? A la verdad, si, conforme se afirma, católica es la inmensa mayoría de los padres de familia, no se me alcanza cómo pueda evitarse, sin caer en los excesos y violencias de un jacobinismo contrario a los principios democráticos, el que aquéllos confíen la educación de sus hijos a las corporaciones religiosas.

—Así justamente discurren, en harto significativo consorcio, demócratas y clericales. Mas si hemos de entendernos alguna vez en materias de libertad de enseñanza, disipemos antes un equívoco.

Por de contado, *en España, pese a las alharacas y pretensiones de los que hablan constantemente de conciencia nacional cristiana y de clases neutras conservadoras, la opinión liberal es la dominante.* Mas, vengamos a cuentas: los partidos liberales reunidos aventajan notablemente a los reaccionarios de todos los matices; pero no suman en conjunto la poderosa hueste que, para fines meramente educativos y de acción social, pueden, en un momento dado, juntar ellos, aliados con la mujer que, por causas sobrado conocidas, representa una gran fuerza.

—Al inapreciable socorro de nuestras caras mitades, añade la enseñanza confesional, ventajas de orden económico que imposibilitan la competencia de las escuelas oficiales y que traen su origen tanto en las facilidades y privilegios de la vida conventual, como en la inagotable generosidad del bello sexo hacia las Instituciones religiosas.

—Así es, y los ingenuos demócratas, detenidos en tan magnas cuestiones por escrúpulos de monja, deben tener presente que hay algo por encima de todos los principios y de todas las leyes, y en cuyo nombre es lícita hasta la tiranía, a saber: el interés y prosperidad del país y el fomento y esplendor intelectual de la raza.

Ocioso es decir que mis campañas políticas resultaron tan infecundas y baldías como las filosóficas. Empresa titánica es combatir preocupaciones y desimantar cabezas obstinadamente orientadas hacia una estrella ha tiempo eclipsada en el cielo de la razón, pero a cuyo influjo se forjaron grandes intereses y se crearon poderosísimas instituciones. Arrojado de sus últimos baluartes, mi candoroso redentorismo acabó por persuadirse—ya era hora—de que este bajo mundo, apenas preparado para la filosofía, no está maduro para la justicia, y de que, a despecho de las más elocuentes y generosas propagandas, réstannos todavía unos cuantos siglos de egoísta individualismo y de parasitismo a todo trapo. ¿Qué vale la acción de un hombre, por grandes que sean su abnegación y poder, para transformar la psicología colectiva?

Fuerza era, pues, si no quería esterilizar por completo mi vida, cambiar resueltamente de rumbo. Aún era tiempo: tenía la acometividad de los veintisiete años y aguijábanme, con el ansia de gloria, ganas furiosas de edificar algo serio, definitivo, capaz de desafiar los ultrajes del tiempo y los vaivenes del gusto y de la moda. Claro es que tan ambiciosos anhelos sólo en la ciencia podían hallar plena satisfacción. Y a la tarea científica me di, con la paciencia del benedictino y la entereza y ardor de los héroes de la voluntad.

Poseía, según te conté, algunas disposiciones para el cultivo de la física experimental, cuyas verdades me encantaban, tanto por la precisión y luminosidad de su forma matemática, cuanto por sus admirables y fecundas aplicaciones al aumento, comodidad y espiritualización de la vida.

Además,, fatigado y hastiado de las interminables controversias a que, por ley indeclinable, están sujetas las verdades del orden moral y sociológico, me subyugaba la idea de trabajar en un terreno neutral, donde las conquistas del espíritu—si yo tenía la suerte de triunfar—fueran obligativamente aceptadas hasta por las indoctas muchedumbres.

En fin, tras dos años de íntimo recogimiento mental y de obstinada labor de laboratorio, tuve la inefable dicha de sorprender, en el inagotable dominio de la electricidad y de la radiografía, algunos hechos nuevos, susceptibles de importantes aplicaciones industriales.

Satisfecho quedé del ensayo de los aparatos construídos en pequeña escala, pues comprobaron plenamente la exactitud de mis previsiones. Mas tales ensayos agotaron pronto los recursos de un modesto profesor atenido a la ruin nómina oficial. Víme, pues, obligado a solicitar apoyo del Gobierno para construir, en grande y definitivamente, mis máquinas eléctricas y radiográficas; mas, según suele ocurrir en tales demandas, sólo conseguí enredarme en las mallas de inacabable expedienteo y perder vanamente el tiempo y la paciencia.

Ni fueron poderosos a procurarme la subvención oficial el dictamen lisonjero de cierta docta Academia, ni el voto de calidad de un ilustre ingeniero. A la indiferencia ministerial y morosidad administrativa contribuyó quizá el recuerdo de mis inhábiles campañas socialistas, sin contar con que en España el patriotismo y la generosidad fueron siempre esencialmente guerreros. Para que las bolsas se aflojen y los corazones se enardezcan hay que inventar máquinas mortíferas capaces de volar una ciudad o de echar a pique un acorazado; y, por desdicha, mis pobres artefactos, provechosos sin duda a la industria de la transmisión y transformación de la energía, no brindaban por el momento sensacionales aplicaciones al arte de matar en grande...

Marchitas mis esperanzas y agotadas mis economías, obligado me vi a emigrar al extranjero en busca de calor y amparo para mis proyectos. Y después de devorar no pocos desaires y amarguras por mi calidad de español—todos me calificaban *a priori* de iluso—fijé últimamente mi residencia en París, cuya célebre Academia de Ciencias estudió y acogió de buen grado mis invenciones. Al fin llegó mi Domingo de Ramos. Alentado con el *execuatur* académico y ayudado en mis planes por una mujer de corazón, hoy mi esposa, di cima a la empresa de construir los modelos definitivos y de patentizar a todo el mundo su originalidad y utilidad.

Pronto dispuse del dinero necesario para convertir las fantasías de mi espíritu en criaturas industriales robustas, prolíficas, pregonadoras de la laboriosidad y de la honradez intelectual de su creador. Y levanté extensa fábrica, instalando en ella potentísimos motores y bien provistos talleres.

Y lancé al mercado internacional nuevos tipos de dínamos, acumuladores, contadores, generadores de radioactividad, etc., los cuales recorren hoy triunfalmente el mundo pregonando el crédito de la casa y rindiendo pingües ganancias.

Lejos de amainar, crecen de día en día la importancia y prosperidad de mis negocios. Triplicada la capacidad de la antigua fábrica, se extienden ahora, en torno de mi laboratorio, multitud de blancas casitas, donde habita rumorosa y alegre población obrera, que se alimenta de las ideas de mi inteligencia como el bosque de las radiaciones del sol. Y soy feliz, porque he realizado el sueño dorado de mi vida, que consistía en pulir y decorar con personal estilo, en ese poliedro de infinito número de caras que se llama mundo del saber, una faceta minúscula donde la posteridad agradecida inscriba mi modesto epitafio.

—¡Admirable!, amigo Jaime... Me dejas atónito... Bien es verdad que yo jamás puse en duda la perspicacia y elevación de tu talento. Hay algo, sin embargo, en tus excelsas victorias que entristece mi corazón de español, y no sería leal ni franco contigo disimulándolo... Me da pena pensar que, para hallar justicia a tus méritos y pedestal a tu gloria, te has visto obligado a dejar tu país. Dime, en el dorado destierro en que vives, ¿perdiste acaso el amor a la patria?

—Eso nunca... A pesar de mi larga permanencia en Francia, jamás pasó por mi ánimo la idea de renunciar a la nacionalidad española. Además, ¿qué son mis modestas invenciones sino el fruto de sincero y ardiente patriotismo? Sacrifiquen otros en el altar del *alma mater* las víctimas de la guerra y del odio internacional; entonen en su loor los poetas himnos altisonantes y declamatorios; yo tengo por mejor ofrecerla, con mis creaciones científicas, y a guisa de místico incienso, mi propio cerebro, fatigado y vibrante del intenso pensar, y consumido y abrasado del enérgico querer...

Ni pienses que el voluntario destierro en que me hallo ha mitigado un punto mis sentimientos de acendrado españolismo; que, a los ojos nostálgicos del hijo ausente, la adorada imagen de la patria, en vez de achicarse con el alejamiento, se engrandece y hermosea, al modo de esas pardas y mediocres montañas que, miradas de lejos, yerguen gallardas sus cimas y con los matices del cielo se engalanan.

—¡Bravo, querido Jaime!... Me enardecen y confortan tus elocuentes acentos, que suenan en mi oído como las notas vibrantes de la *Jota* o las estrofas de la olvidada *Marcha de Cádiz*. Oportunísimos llegan a mi alma donde tantas cosas, hasta las más santas, se han derrumbado a impulsos del infortunio...

Hace poco, en momentos de dulce expansión muy agradecidos por mí, has hablado del ansia de sobrevivirte... del ferviente anhelo de dejar en la posteridad una estela luminosa. Y en virtud de inevitable asociación de ideas, tu generoso arranque me ha producido un sentimiento de penetrante melancolía... Bulle en mi mente un pensamiento molesto, que no debo manifestarte, porque cometería con ello grave irreverencia y manifiesta indiscreción.

—Habla sin miramientos...; yo te satisfaré en cuanto mis fuerzas alcancen.

—Pues bien, alentado con tu venia, me atrevo a exponerte esta duda: Dime, ¿cómo aciertas a conciliar tan elevadas aspiraciones a la gloria con tu creencia irrevocable en la muerte personal y en el aniquilamiento fatal del mundo y de la vida?

—Y ¿qué dirías si yo te confesara, lleno de rubor intelectual, que amén del sentimiento patriótico, la triste convicción de que no existe vida de ultratumba ha contribuído poderosamente a mis éxitos científicos e industriales? ¿Cómo juzgarías de mi intelecto si te hiciera la confidencia de que, durante los desfallecimientos del laboratorio, cobré a menudo alientos con este anodino cordial?: "Si mi alma está condenada a morir, sálvense al menos sus ideas; trabajemos, pues, para crear algo vivo y perdurable, algún concepto germen que, a semejanza de la llama de la vida, salte de generación en generación nutriéndose y creciendo incesantemente a expensas del humano cerebro".

—Confieso no comprender qué especie de grata sensación puede provocar en una vacía calavera el eco de los aplausos póstumos.

—Hijo mío, estamos en presencia de una de tantas paradojas y contradicciones de la vida: el instinto imponiéndonos el deseo de perdurar y la razón contradiciendo tan locas ilusiones. Guardémonos, empero, de analizar tales impulsos, que al par de otros muchos, no menos absurdos, apuntan antes a la utilidad de la especie que a la prosperidad del individuo; y limitémonos a sentirlos y cultivarlos, pues sólo obrando así será nuestra labor provechosa a la humanidad y alcanzaremos en este bajo mundo toda la felicidad compatible con el conocimiento de la verdad.

—Muy bien dicho.

—Y por si la posteridad nos olvida, apresurémonos a conquistar el presente. Bien será, pues, empuñar la mancera en plena juventud antes que el frío de los años modere el vigor y apague los entusiasmos. Lo importante es hacer más fácil y agradable la vida de los hombres, conquistar un rincón en las almas y en los libros, donde gozosas aleteen nuestras ideas; emerger, en fin, de la masa anónima del pobre rebaño donde se cuenta por millones, para ingresar por derecho propio en la brillante legión en que se cuenta por unidades. Ardua es la labor, grandes los contratiempos y sinsabores de la lucha; pero, ¡cuán hermosa y halagadora la victoria! ¡Qué alborozo sentirnos por primera vez enfocados desde abajo por miles de ojos curiosos y acariciadores!... Y luego se eslabonan otras mil satisfacciones, resultantes de la transcendencia científica y social de la obra, de la gratitud de la miseria redimida, del soberano orgullo de pensar que, al venir al mundo, no hemos fatigado en vano la fragua de la Naturaleza...

—Sigue, no te interrumpas, por Dios; tus entusiasmos son para mí la mejor de las medicinas.

—¡Si vieras qué sumo deleite es transformar al conjuro del ingenio un puro y abstracto pensamiento en vivero de humanidad hirviente, en archipiélago espiritual donde desborda la vida y sonríe el bienestar! ¡Ah, cuán poco podría importar a las naciones desgraciadas la pérdida de sus tierras, si sus hijos, ardiendo en santo patriotismo, se esforzaran por ensanchar la geografía moral de la raza con estas radiantes islas de la inteligencia, santificadas por el trabajo y la paz, por igual inaccesibles a la defección y a la conquista!...

Basta de enfadosos y trasnochados lirismos. He terminado, mi querido amigo, la pesada narración. En ella he intentado reflejar mi vida como en claro espejo. Tú decidirás si te conviene ajustarte al modelo, o si prefieres errar por los infecundos páramos de la teología o de la política.

—Echada está la suerte. Tus sanas y vivificantes exhortaciones acaban de transformarme en otro hombre. Renuncio en absoluto a la vida parásita, a la humillante y vergonzosa protección de mi mujer. Estoy a tus órdenes.

—Pues acepta desde ahora un puesto de secretario particular con diez mil francos. Por algo se empieza...

Y el buen Esperaindeo, en un arranque de viva gratitud, se abalanzó hacia Jaime y exclamó, mientras le abrazaba tierna y efusivamente:

—¡Eres todo un amigo... un alma antigua!... ¡Plegue a Dios pueda corresponder algún día dignamente a tu generosidad!...

—¡Deja!...; ¡no vale la pena!... Yo hubiera preferido confiarte la plaza de administrador gerente, cargo harto más importante y lucrativo; pero lo desempeña cierta persona a quien, fuera de la vida, debo cuanto soy. ¿Adivinas?

—¿Tu incomparable maestro?

—El mismo, don Enrique Fernández. El cual, no obstante su ancianidad y repugnancia a dejar la querida tierruca, consintió al fin en trocar sus diez mil reales mal contados de profesor normal, por los veinte mil francos que yo le doy. No hago sino satisfacer una deuda sagrada; fuera de que el concurso de hombre de tal valía en la dirección del complicado mecanismo de la fábrica, me es singularmente provechoso.

—Con tan acertado nombramiento revelas tan buen corazón como sentido práctico.

—Mi querido Esperaindeo... las horas han pasado suavemente durante nuestro agradable coloquio... Es ya muy tarde. Pongámonos en marcha hacia la fábrica. No está lejos...: veinte minutos de ómnibus, que tomaremos aquí a la vuelta, en la plaza de la Bolsa, y un cuarto de hora de ferrocarril metropolitano. A nuestra llegada te presentaré a mi familia, conocerás al *maestro* y te informaré puntualmente de tu cometido, no muy complicado ni fatigoso por ahora...

Momentos después se instalaban ambos amigos en el interior de un ómnibus. Gradualmente, el cansancio y laxitud subsiguientes al derroche verbal pusieron fin al animado diálogo: un sentimiento de dulce serenidad pareció bañar el alma fatigada de los interlocutores. Y mientras Jaime, apoyado el brazo en la ventanilla, miraba distraídamente el ajetreo de los transeúntes y el raudo desfilar de los carruajes, ocupábase su compañero en contemplar embebecido la cabeza leonina del sabio, cuyo gesto de luchador enérgico y noble perfil subrayaban con líneas de oro los últimos arreboles de la tarde. Evocado por el contraste entre lo actual y lo pasado, acudió a la mente de Esperaindeo el recuerdo del Jaime de otros tiempos... de las sabias y vehementes peroratas del ateneista, de las humanitarias y redentoras arengas del apóstol. ¡Lástima de tribuno!, pensaba. ¡Cuán pocos, y sin embargo cuán necesarios son, en la pobre España caracteres de tal temple, políticos viriles y patriotas como Jaime!... Al fin, cediendo a la tensión de sentimientos e ideas que pugnaban por exteriorizarse, rompió el solemne silencio exclamando:

—Amigo Jaime, ¡quién te ha visto y quién te ve!... ¡Quién dijera que tú, campeón invencible de la lógica, orador de múltiples recursos, apóstol abnegado de los desheredados y de los caídos, tribuno lleno de noble ambición, habías de recogerte, en plena juventud, en la tranquila playa de la ciencia y de la industria!

—No te extrañe... Ha poco te decía que *el mundo no está en sazón para la filosofía ni para la justicia.* Triste es reconocerlo..., pero ello es que, a pesar de la tan decantada tolerancia de los modernos tiempos, sólo le dejan a uno ejercitar el sentido común en el apacible campo de la ciencia. Laboremos, pues, en él, puesto que en él se nos permite discurrir libremente. *Los apóstoles de la justicia serán oídos más adelante, cuando la ciencia omnipotente haya iluminado todos los antros y sinuosidades de la Naturaleza y del espíritu.*

del
amor y
de la mujer

D E todos los bienes naturales, el más excelso y envidiable es la belleza corporal. Don gratuito de la vida, no exige cultivo ni trabajo; se impone y cautiva a todos sin discusión. Los demás dones tienen sus quiebras: el talento exige intenso laboreo y hacerse perdonar; la elocuencia necesita "oler al aceite de la lámpara" para no ser motejada de huero psitacismo; la erudición implica diarios desvelos y pasa a menudo por necedad disfrazada; la virtud más acendrada es blanco de la calumnia; la prudencia dipútase por encogimiento o pusilanimidad, y, en fin, la sobriedad y la abstención, por avaricia. En cambio, la hermosura triunfa e impera con sólo exhibirse. Cierto que la fealdad procura denigrarla; mas este despecho constituye, en realidad, un homenaje.

○

La mujer implora casi siempre de santos, jueces y ministros, gracia, nunca justicia. No la censuremos. Discúlpala el santo egoismo del hogar.

○

La vida es triste porque acaba triste. Y el trabajo, fuente de placer y de sana alegría, aporta a menudo también inquietudes y amarguras. He aquí por qué para el sabio una mujer jovial y optimista será siempre tesoro inapreciable, infinitamente superior a la belleza y al dinero.

○

La mujer venera a sus padres, estima y a veces admira a su marido, pero sólo adora verdaderamente a sus hijos.

Aun este amor preponderante sigue una trayectoria aproximadamente aparabólica. Mantiénese pujante durante la primera fase de la vida del niño, es decir, durante la feliz edad de las muñecas y de los tambores; decae un poco en la edad de los novios, y desciende y casi se extingue (nunca del todo) cuando los hijos, contraído matrimonio, forman nuevos hogares y abandonan a sus progenitores.

La parábola del afecto sigue en los hijos dirección casi contraria (me refiero a las personas bien nacidas). Se adora y venera a los padres cuanto más ancianos. Y el hogar común, objeto de filial piedad, subsiste mientras vive la madre, corazón de la familia. Desaparecido el ángel del hogar, la prole suele dispersarse como colmena sin reina.

○

El beso, que los poetas consideran como sublime conjugación de dos almas, no es para el científico sino un simple intercambio de microbios bucales.

○

Schopenhaüer fué un precursor de los modernos eugenistas. En su afán de mejorar la raza humana, propuso medidas tan radicales y expeditivas como la castración de idiotas y criminales—amén de la pena de muerte—y el encierro a perpetuidad en conventos "ad hoc" de histéricas y de bobas.

Olvidó el filósofo de Dantzig que el hijo representa un ser nuevo, no siempre semejante a sus progenitores, y que talentos y hasta genios surgen diariamente de padres necios, vulgares o mediocres.

○

En materia de mujeres el hombre adolece, aparte la superstición de la forma, de la absurda superstición del color.

Según es notorio, predomina comúnmente el gusto por el tono complementario. El de rubio claro se agrada de la morena obscura, y el de cutis pardo verdoso se siente atraído por las encarnaciones níveas y rosáceas. Pero existen matices antipáticos, por ejemplo: el rojo de fuego o el rojo cobrizo del cabello, asociado a menudo con piel blanquecina salpicada de manchas. Víctimas de complicados atavismos, las pobres muchachas adornadas con tan policrómica librea me recuerdan, cuando aparecen en calles y paseos a caza del galán de sus ensueños, la desgracia del rutilante geranio o de la roja amapola, cuyos vistosos pétalos son sistemáticamente desdeñados por abejas y mariposas.

El pretendiente discreto deberá fijarse más en el contenido que en el continente. La felicidad del esposo no depende del color del cabello femenino, sino de la estructura y contenido sentimental y cultural del cerebro, es decir, de un órgano cuyo color es igual en rubias y morenas. Menos dermatología y más psicología: tal debe ser la divisa del aspirante al matrimonio.

○

Por pequeña que sea una mujer, siempre alcanzará, si posee talento, belleza y simpatía, al corazón del hombre.

○

Lo que se llama en la mujer matrimonio por compasión no es sino la forma refinadísima del egoismo. Nada halaga tanto al amor propio de ciertas sentimentales como la seguridad de ser adoradas como diosas; por conseguirlo se las ve cargar heroicamente con viejos averiados y hasta con pobres diablos, a condición de representar fogosamente el papel de Don Juan y de mostrarse pasaderamente discretos y enérgicos.

Porque la sentimental sólo se detiene espantada ante la necedad y la abulia.

○

Lo más triste de la fealdad femenina es que aleja desdeñosamente la curiosidad sentimental de los jóvenes, esterilizando y dejando sin empleo tesoros de talento, abnegación y ternura. Avara de sus dones, la Naturaleza complácese a menudo en compensar la belleza interior con la fealdad exterior.

○

Paseo por el Retiro y descubro en la Avenida llamada del Angel Caído dos espinos contiguos de un mismo seto perfectamente soldados. Sin duda, al entrar en íntimo contacto, mezcláronse sus savias y fundiéronse sus cortezas. ¿Por simpatía? No; porque el jardinero, ejerciendo de casamentero, aproximó y sujetó los tallos vecinos mediante angosto lazo de alambre. Así ocurre con los hombres.

¡Cuántas amistades y cuántos amores no tienen más explicación que haber frecuentado una misma peña o un mismo casino, y el haberse asomado, casualmente, a un balcón, enfrente del cual sonreían una cabecita rubia o fulguraban unos ojos negros!...

○

—Ignoro por qué—decíame una señora inteligente y virtuosa—ponderan ustedes tanto la castidad de las mujeres, cuando guardarla no nos cuesta el menor sacrificio. Son siempre ustedes los inductores al pecado, halagando pérfidamente las dos grandes flaquezas de nuestro sexo: la presunción de la hermosura y la propensión al lujo.

○

Todas las desdichas del matrimonio nacen de que la mujer no elige, sino que es elegida. Afortunadamente, en la mayoría de los casos la esposa acostúmbrase al marido como éste se habitúa a la cerveza y al tabaco.

○

Las uniones baratas e instantáneas son las que dejan recuerdos más caros y duraderos.

○

Ya en serio, ya en tono humorístico, se han hecho muchas clasificaciones del beso. Una de las más sencillas es la siguiente: el ósculo par, *frío, ceremonioso y ritual que las mujeres se dan entrambas mejillas, y el* ósculo impar, *o beso de pasión, estampado en los labios por jóvenes de sexo diferente.*

○

Sucede con el amor de la mujer como con el libre albedrío. Ambos parecen absolutamente espontáneos y obedecen, sin embargo, en la mayoría de los casos, a motivos casi irresistibles. Restando del amor femenino las tendencias orgánicas genéricas (instinto de la maternidad, deseo de hallar un protector y un guía) y los móviles sociales (afán de brillar, ansia de prosperidad económica, etc.), ¿queda algo capaz de halagar al varón en cuanto individuo? Los Narcisos y los Tenorios harían bien en moderar su presunción y cultivar la idea de que lejos de representar para determinada hembra el único ideal, constituyen simplemente órganos intercambiables en el mecanismo de la reproducción de la especie. Y ténganse por dichosos si este intercambio no se produce en vida.

○

La amistad entre mujeres jóvenes suele ser afección efímera mantenida exclusivamente hasta que aparecen el novio o el esposo codiciados.

○

—¿Qué debes preferir, la mujer hermosa o la fea? ¡La hermosa, con tal de ser medianamente discreta, porque si te sale casquivana y coqueta, de ella te

*librará cualquier Don Juan callejero; mas de la fea
y necia, ¡ni el diablo!*

○

*Si en la mujer la sensualidad fuera tan viva como
en el hombre, la raza humana habría degenerado
rápidamente. La Naturaleza ha hecho casta a la
esposa, para hacerla fuerte y sana. Gracias a esta
virtud, pocas veces desmentida, el protoplasma
humano consérvase vigoroso y puede corregir, en
cierta medida, las consecuencias de los excesos y
vicios del varón.*

○

*La mitad de la gracia femenina, como la mitad
del talento del varón, son creaciones de la propia
voluntad ilustrada por la cultura.*

○

*¿De veras amamos la verdad? Pues ¿cómo en-
tonces la mayoría de los hombres, y todavía más las
mujeres, deléitanse solamente oyendo o leyendo
bellas mentiras?*

○

*Las mujeres coquetas, que no quieren a nadie y
que pulen y acicalan su cuerpo como una joya preciosa, sufren a menudo, por una suerte de com-
pensación sentimental, una especie de locura de amor
y de sacrificio en cuanto la suerte les depara el
esposo o el hijo anhelados.*

○

*Un casamentero infatigable, deseando convencer
a cierto amigo solterón de las ventajas del matrimonio, le arguyó a guisa de prueba irrefutable:*

181

—¿*No comprendes que, llegada la vejez, necesitamos una mujer paciente que cuide nuestros catarros y con quien podamos impunemente desahogar el mal humor?*

○

Me extraña que los adeptos de la Eugenesis—la ciencia a la moda—no saquen las naturales consecuencias de su doctrina, proponiendo el método de la oposición para la adjudicación de mujeres. De esta suerte, las más bellas, inteligentes y saludables, contraerían matrimonio con los jóvenes más aptos, laboriosos y talentudos; y no según sucede ahora, en que, raras excepciones, las reales mozas sirven casi exclusivamente de objeto de placer o de vanidad a ricachones sin mérito, multiplicándose por ende la deplorable casta de holgazanes y medianías.

○

El ideal antiguo de juntar en un mismo sujeto los deleites de la amistad y del amor—ideal inspirador de tantos repugnantes extravíos—, sólo tiene una solución biológica perfecta: elevar la cultura de la mujer para que pueda ser consejera, amiga y amante del esposo.

○

La bella dentadura en la mujer—el consabido collar de perlas de los poetas—es como una promesa de permanente jovialidad y de buena digestión.

○

La hermosura es una carta de recomendación escrita por Dios y leída y admirada por todos los corazones. Lo malo es que de vez en cuando el diablo la intercepta furtivamente y falsifica la dirección definitiva. Y así, la hermosura que hubiera hecho la ventura de un discreto, para en las manos de un torpe o de un mentecato; con que el idilio se convierte en comedia o en tragedia.

○

"La mujer casada, la pierna quebrada y en casa". He aquí un refrán, quizá de origen árabe, que, tomado demasiado a la letra, ha tenido la funesta virtud de convertir a la mayoría de las hembras españolas, desde los treinta años en adelante, y a veces antes, en un piélago de grasa, donde naufragan sin remedio la gracia, la hermosura y la saludable actividad. Y no valen composturas, porque nada hay más insaciable que un estómago patológicamente distendido, ni menos airoso y deforme que un globo arrugado.

¡Cuán diferentes las rubias hijas del Norte, osadas y emprendedoras, que, a fuerza de actividad, consiguen conservar su esbeltez y su belleza plástica hasta las fronteras de la vejez!...

○

La mentira en el hombre, cuando no pretende cautivar y entretener, constituye arma de combate. En la mujer suele ser broquel de su debilidad... o de sus debilidades.

○

Suele envidiarse la fortuna de empresarios y primeros actores porque disponen a su talante de un serrallo selectísimo de artistas.

A mí, por el contrario, me asombra el estómago y la modestia de estos Tenorios de guardarropía.

¿Qué ilusión puede causar a un hombre de buen gusto, el beso automático de sobados maniquíes henchidos de orgullo y vanidad, y para cuyo funcionamiento es indispensable echar una moneda o colgar un dije?

○

Huye de las jóvenes frívolas y pretenciosas que sueñan con trenes fastuosos, trajes deslumbradores y joyas rutilantes. De cien veces, las ochenta son cortesanas en estado de canuto.

Reserva, en cambio, tus homenajes para las doncellas modestas que adoran los niños, se entregan alegres al tráfago del hogar y a las inexcusables exigencias de la higiene casera. Y ten por seguro que las muchachas cuyo orgullo se cifra en tener la casa como una "tacita de plata" suelen tener también un corazón de oro.

○

Aunque el caso sea raro, se ven mujeres listas y hasta bellas, casadas con imbéciles. ¿Para elevarlos o para deprimirlos? Lo último parece más probable que lo primero. Al revés del asno de Apuleyo, que recobró la forma humana comiéndose una rosa, estos infelices se comen una rosa para convertirse en asnos.

○

La mujer agraciada llegaría a ser bellísima aprendiendo belleza. ¿Dónde? En los museos y en los libros de higiene.

al
pie de
un retrato

LO que más deploro en la vejez (según revela mi retrato) es la pérdida de la individualidad física y moral; que no hay cosa más semejante a una calavera que otra calavera.

o

Lo que los franceses llaman "la triste edad de los lutos" podría calificarse también de "la edad de los retratos". Próxima debe estar la muerte cuando amigos y admiradores te piden insistentemente el busto. Apresúrate a complacerles antes que tu cabeza que comienza a desecarse se convierta en calavera.

o

La gloria tardía, en plena senectud, aporta al espíritu fatigado plácida y suave melancolía. Sobre el cielo arrebolado del atardecer ya no cantan las alondras, pero chillan los murciélagos. Y por encima de todo destacan dos dolores: nos falta el beso de amor de los padres y el beso de Judas de los enemigos.

○

La tristeza de la senectud se cifra en esta frase terrible: no existe el mañana. Debemos, sin embargo, reaccionar los viejos contra este desalentador sentimiento, no dejándole derivar del corazón a las manos. Si somos labradores, pidamos a Dios que nos sorprenda la Descarnada plantando un árbol; si científicos, inclinados sobre el microscopio o el tubo de ensayo; si escritores, reclinados sobre las albas cuartillas, el más noble de los sudarios.

ESTA OBRA, QUE INICIA UNA SERIE DE
PUBLICACIONES DEDICADAS A AUTO-
RES ARAGONESES, SE ACABO DE
IMPRIMIR EN LOS TALLE-
RES TIPOGRAFICOS DEL
HERALDO DE ARA-
GON. EN ZARA-
GOZA, A DOS
ENERO
1931